アスリートの完全主義が
抑うつ症状とスポーツパフォーマンスに及ぼす影響

高 山 智 史 著

風 間 書 房

は じ め に

　完全主義がアスリートにもたらす影響に関する研究は近年大きく増加している。これらの研究の成果として，アスリートのさまざまな側面において完全主義が重要な要因として働いていることが明らかになりつつある。

　本書『アスリートの完全主義が抑うつ症状とスポーツパフォーマンスに及ぼす影響』は，臨床心理学とスポーツ心理学の双方の視点から，完全主義がアスリートに及ぼす影響を多角的に検討した画期的な専門書である。臨床心理学もスポーツ心理学もそれぞれに長い歴史を持つ学問領域であるが，本書のように両者の視点を統合した学問領域は「臨床スポーツ心理学（clinical sport psychology）」と呼ばれ，比較的新しく拓かれつつある分野である。

　例えば，2007年にはフランク・ガードナーとゼラ・ムーアによる"Clinical Sport Psychology（邦題：ガードナー臨床スポーツ心理学ハンドブック）"が発刊され，①パフォーマンス強化，②パフォーマンス不調，③パフォーマンス障害，④パフォーマンス終結という4つの視点からアスリートの抱える課題を整理し，それぞれに対応した心理学的技術を応用することの重要性が提示された。また，同じく2007年には臨床スポーツ心理学の世界初の専門学術誌である"Journal of Clinical Sport Psychology"が出版され，現在に至るまでこの分野を牽引する重要な論文を掲載し続けている。

　臨床スポーツ心理学の最大の特徴の1つが，アスリートのパフォーマンスを高めることと，アスリートの心理的問題を改善することの双方に心理学的技術を応用することである。この特徴はそのまま，本書の最大の特徴とも言える。本書では完全主義を変容可能な認知変数として捉えた上で，アスリートのスポーツパフォーマンスと抑うつの双方に影響を及ぼすリスクファクターと位置づけている。この視点は，完全主義に焦点を当てて変容する心理

学的技術によって，アスリートのパフォーマンス向上と抑うつの改善を同時に達成する支援法の開発をもたらし得るものである。

　また本書では，完全主義に加えてアクセプタンス＆コミットメント・セラピー（ACT）の主要概念である価値（value）にも着目している。ACT は臨床心理学の領域において発展してきた心理療法であるが，臨床スポーツ心理学の領域においても非常に重視されてきた歴史的背景を持つ。本書では価値に沿った行動を起点とし，完全主義，スポーツパフォーマンス，抑うつに至る心理学的メカニズムを包括的にモデル化することで，アスリートのパフォーマンスと心理的問題の改善のための心理学的技術の発展に示唆を与える研究成果を得ることに成功している。

　日本では，スポーツ心理学の専門家と，臨床心理学の専門家は，それぞれに専門性を活かした支援を精力的に展開している。スポーツ心理学の専門家は日常的にアスリートのパフォーマンスの向上を中心とした支援を行っており，臨床心理学の専門家が心理的問題を抱えるアスリートへの支援をすることもある。アスリートを中心に考えるならば，アスリートに関わる専門家たちが双方の専門性を幅広く理解し，パフォーマンスへの支援と心理的問題への支援がシームレスにつながることが望ましい。臨床スポーツ心理学の新たな展開をもたらす本書が，こうしたアスリートを取り巻く新しい環境の実現に貢献することを深く祈念している。

　2024年5月6日

関西学院大学　　佐藤　　寛

目　次

はじめに（佐藤 寛）

第1章　アスリートの抑うつ症状とスポーツパフォーマンス……1
第1節　アスリートの抑うつ症状とスポーツパフォーマンスの関連………1
第2節　諸外国におけるアスリートの抑うつ症状の実態（研究Ⅰ）………6
第3節　我が国におけるアスリートの抑うつ症状の実態（研究Ⅱ）………17
第4節　アスリートの抑うつ症状のアセスメント………30
第5節　本章のまとめ………32

第2章　スポーツ文脈における認知行動療法………35
第1節　スポーツ文脈への認知行動療法の応用………35
第2節　スポーツ文脈における第一世代の認知行動療法………42
第3節　スポーツ文脈における第二世代の認知行動療法………58
第4節　スポーツ文脈における第三世代の認知行動療法………65
第5節　本章のまとめ………72

第3章　認知行動療法からみた抑うつ症状とスポーツパフォーマンスに対する完全主義………75
第1節　完全主義とは………75
第2節　完全主義のアセスメント………77
第3節　抑うつ症状に対する完全主義………82
第4節　スポーツパフォーマンスに対する完全主義………84
第5節　完全主義の作用機序………86

iv

第6節 完全主義と認知行動療法 ……………………………………… 86

第7節 本章のまとめ ………………………………………………… 88

第4章 抑うつ症状とスポーツパフォーマンスおよび完全主義に対する価値 …………………………………………… 91

第1節 価値とは ……………………………………………………… 91

第2節 アスリートを対象とした価値の明確化 ……………………… 91

第3節 抑うつ症状に対する価値の効果 ……………………………… 97

第4節 スポーツパフォーマンスに対する価値の効果 ……………… 97

第5節 完全主義に対する価値の想定される作用機序 ……………… 98

第6節 本章のまとめ ………………………………………………… 99

第5章 本研究の目的と意義 …………………………………………… 101

第1節 本研究の目的と意義 ………………………………………… 101

第2節 本研究における用語の定義 ………………………………… 104

第6章 完全主義と抑うつ症状およびスポーツパフォーマンスとの関連 ……………………………………………………… 105

第1節 完全主義が抑うつ症状およびスポーツパフォーマンスに及ぼす影響（研究Ⅲ）………………………………………… 105

第2節 本章のまとめ ………………………………………………… 113

第7章 価値および完全主義と抑うつ症状およびスポーツパフォーマンスとの関連 ……………………………………………… 115

第1節 価値に沿う行動および完全主義が抑うつ症状およびスポーツパフォーマンスに及ぼす影響（研究Ⅳ）……………… 115

第2節 本章のまとめ ………………………………………………… 125

第8章 全体的考察 ……………………………………………… 127

第1節 本研究の結果のまとめ ……………………………… 127

第2節 本研究の学術的示唆 ………………………………… 130

第3節 本研究の実践的示唆 ………………………………… 131

第4節 本研究の限界と今後の課題 ………………………… 134

引用文献 ………………………………………………………… 137

初出一覧 ………………………………………………………… 161

謝辞 ……………………………………………………………… 163

第1章 アスリートの抑うつ症状と
スポーツパフォーマンス

　第1章では，アスリートの抑うつ症状とスポーツパフォーマンスについて述べる。第1節では，アスリートにおける抑うつ症状とスポーツパフォーマンスの関連について述べる。第2節では，諸外国におけるアスリートの抑うつ症状の実態について概観する。続いて第3節では，我が国におけるアスリートの抑うつ症状の実態について明らかにする。そして第4節ではアスリートの抑うつ症状のアセスメントについて概説する。

第1節 アスリートの抑うつ症状と
スポーツパフォーマンスの関連

アスリートの抑うつ症状とは
　本研究では，抑うつ症状をDSM-5（Diagnostic and Statistical Manual of Mental Disorders, Fifth Edition）（American Psychiatric Association, 2013）のうつ病を構成する症状とする（Table 1-1）。うつ病は，以下のAからEまでの基準が満たされることで診断が確定される。すなわち，Table 1-1に記した症状のうち5つ（またはそれ以上）が同じ2週間の間に存在し，病前の機能からの変化を起こしていること，かつ，これらの症状のうち少なくとも1つは(1)抑うつ気分，または(2)興味または喜びの喪失である（基準A）。その症状は臨床的に意味のある苦痛，または社会的，職業的，または他の重要な領域における機能の障害を引き起こしている（基準B）。そのエピソードは物質の生理学的作用，または他の医学的疾患によるものではない（基準C）。抑うつエピソードは，統合失調感情障害，統合失調症，統合失調症様障害，妄想性

障害，または他の特定および特定不能の統合失調症スペクトラム障害および他の精神病生障害群によってはうまく説明されない（基準D）。躁病エピソード，または軽躁病エピソードが存在したことがない（基準E）。抑うつ症状は，うつ病の症状とされているが，うつ病の診断基準に合致しない程度の準臨床的な（サブクリニカルな）症状は，うつ病と診断されていない非臨床的な人であっても有している。抑うつ症状はアスリートにも認められる重要な問題である。

アスリートの抑うつ症状による競技生活への影響

　アスリートのメンタルヘルスの問題は競技生活に悪影響を及ぼす。このことから，近年，メンタルヘルスの問題の改善を含めたスポーツパフォー

Table 1-1
うつ病（DSM-5）における抑うつ症状

A.　以下の症状のうち5つ（またはそれ以上）が同じ2週間の間に存在し，病前の機能からの変化を起している。これらの症状のうち少なくとも1つは(1)抑うつ気分，または(2)興味または喜びの喪失である。注：明らかに他の医学的疾患に起因する症状は含まない。

(1) その人自身の言葉（例：悲しみ，空虚感，または絶望を感じる）か，他者の観察（例：涙を流しているように見える）によって示される，ほとんど1日中，ほとんど毎日の抑うつ気分注：子どもや青年では易怒的な気分もありうる。

(2) ほとんど1日中，ほとんど毎日の，すべて，またはほとんどすべての活動における興味または喜びの著しい減退（その人の説明，または他者の観察によって示される）

(3) 食事療法をしていないのに，有意の体重減少，または体重増加（例：1ヵ月で体重の5％以上の変化），またはほとんど毎日の食欲の減退または増加注：子どもの場合，期待される体重増加がみられないことも考慮せよ。

(4) ほとんど毎日の不眠または過眠

(5) ほとんど毎日の精神運動焦燥または制止（他者によって観察可能で，ただ単に落ち着きがないとか，のろくなったという主観的感覚ではないもの）

(6) ほとんど毎日の疲労感，または気力の減退

(7) ほとんど毎日の無価値観，または過剰であるか不適切な罪責感（妄想的であることもある。単に自分をとがめること，または病気になったことに対する罪悪感ではない）

(8) 思考力や集中力の減退，または決断困難がほとんど毎日認められる（その人自身の説明による，または他者によって観察される）。

(9) 死についての反復思考（死の恐怖だけではない），特別な計画はないが反復的な自殺念慮，または自殺企図，または自殺するためのはっきりとした計画

マンスの改善のための支援が重要視されている（Gouttebarge, Castaldelli-Maia, Gorczynski, Hainline, Hitchcock, Kerkhoffs, Rice, & Reardon, 2019）。このなかでも抑うつ症状は，アスリートに見られる代表的なメンタルヘルスの問題である。抑うつ症状は，罪責感，興味喪失，自殺念慮，睡眠や食欲の障害などを特徴とするうつ病の主要な症状である（American Psychiatric Association, 2013）。

アスリートの抑うつ症状は，高強度の運動負荷や失敗への恐怖など，スポーツ特有のストレス要因（Nixdorf, Frank, & Beckmann, 2015）により生じることが知られており，うつ病を発症するリスクを高めるだけでなく（Wolanin, Gross, & Hong, 2015），スポーツパフォーマンスの低下に繋がることが指摘されている（Newman, Howells, & Fletcher, 2016；Reardon et al., 2019）。一方で，スポーツパフォーマンスの低下は，抑うつ症状を生じさせ，抑うつ症状は更なるスポーツパフォーマンスの低下を招くという悪循環を生む可能性が指摘されている（Newman et al., 2016）。

アスリートの抑うつ症状とスポーツパフォーマンスの関連を示唆する研究は散見される程度である（Newman et al., 2016）。Hammond, Gialloreto, Kubas, & Davis Ⅳ（2013）は，カナダ国内でトップレベルの競技成績を有する大学競泳選手50名（男性28名，女性22名）を対象に，抑うつ症状と国際大会予選会の記録との関係を調査した。抑うつ症状は，DSM-Ⅳ-TRの大うつ病の診断基準に準拠した半構造化面接による36ヵ月有病率およびBDI-Ⅱで測定された。大うつ病の診断基準を満たした選手は，予選会前が68％，予選会後が34％であった。一方で，予選会後26％の選手がBDI-Ⅱの軽度から中程度の抑うつ症状を経験していた。予選会前のランキング上位25％の選手に限定すれば，このうち66％の選手が予選会後に大うつ病の診断基準を満たし，41％の選手が軽度から中程度の抑うつ症状を経験していた。ランキング上位25％の選手においては，記録の停滞が大うつ病の発症に影響を及ぼす可能性が示唆された。

Jones & Sheffield（2007）は，ホッケーおよびサッカーの各チームに所属するアスリート66名を対象に，試合結果とProfile of Mood States（POMS）短縮版で測定される感情状態との関連を検討した。その結果，敗退後と比較して，勝利後の抑うつと怒りの感情は低く，活力は高いことが明らかとなった。

Newman et al.（2016）は，エリートアスリートの自叙伝をもとに，うつ病や抑うつ症状とスポーツパフォーマンスとの関係を質的な研究手法で分析した。その結果，スポーツにおける成功は短期的にはポジティブな心理的影響をもたらすことを明らかにした。一方で，スポーツパフォーマンスの失敗は長期に及ぶ重度のネガティブな心理的影響をもたらし，抑うつ症状が引き起こされるだけでなく，さらなるスポーツパフォーマンスの失敗を招く可能性を指摘した（Newman et al., 2016）。

Gulliver, Griffiths, & Christensen（2012）は，16歳から23歳のエリートアスリート15名（男性選手9名，女性選手6名）を対象として，うつ病などのメンタルヘルスの問題のために専門家（医師，カウンセラー，心理学者など）の援助を希求する際の阻害要因と促進要因を，記述データ（written data）と小グループでの討議（focus group discussions）を通じて質的に調査した。その結果，低いスポーツパフォーマンスによって抑うつ気分と不安感情（feelings of depression and anxiety）を生じる可能性を指摘した。

Doherty, Hannigan, & Campbell（2016）は，競技生活中のうつ病経験を公的に発表した男性エリートアスリート8名（現役選手および元現役選手）を対象に，うつ病の経験を半構造化面接により調査した。その結果「コーチやスポンサーなどからの評価はスポーツパフォーマンスに左右されている」「自分が実際に誰であるかという以上に何をしたかで互いを確認し合う」という選手のコメントを引用し，うつ病の発症に関連する複合的な要因の1つとしてスポーツパフォーマンスの重要性を指摘した。また受け入れがたい競技結果や競技中のスキルの喪失がうつ病の発症を促進する要因である可能性を指

摘した（Doherty et al., 2016）。

　Glick, Stillman, Reardon, & Ritvo,（2012）は，エリートアスリートの精神疾患への対応に関する論述の中で，代表チームの勝利を犠牲としてしまう重大なミスをしたことを契機に，うつ病を悪化させた男性プロアスリートのケースを報告した。

　このようにアスリートの抑うつ症状は，スポーツパフォーマンスと関連することが示唆されているものの，抑うつ症状を抱えるアスリートは，専門家への援助要請がしばしば遅れることが指摘されてる（Doherty et al., 2016）。そのため抑うつ症状は重篤化することが考えられる。アスリートは，家族，友人，スポーツに関わる関係者などから，メンタルヘルスの問題に対する理解を得られないとする「自己批判的な態度（スティグマ）」が内在しているため，援助要請は阻害される可能性が指摘されている（Gulliver et al., 2012）。仮に医療機関に繋がったとしても，服薬による副作用やスポーツパフォーマンスへの影響を懸念して，処方された抗うつ薬の服薬を中断するアスリートがいるとの指摘もある。このように競技生活に悪影響を及ぼすアスリートの抑うつ症状は，支援を必要とする重要な問題である。うつ病と診断されたアスリートだけでなく，うつ病と診断されない非臨床的なアスリートの抑うつ症状を取り上げることには意義がある。諸外国の研究知見からは，アスリートは非アスリートと同程度の割合で抑うつ症状を経験することが知られている（Gorczynski, Coyle, & Gibson, 2017）。

　一方で，我が国においては，アスリートの抑うつ症状に関する研究知見は散見する程度であり，この分野の研究は諸外国から後退している現状である。そこで，以下の節では，まず諸外国におけるアスリートの抑うつ症状に焦点を当てた研究を概観し，アスリートの抑うつ症状に関する研究動向を概観する。次に，我が国におけるアスリートの抑うつ症状の実態を明らかにする。最後に，先行研究で用いられてきたアスリートの抑うつ症状のアセスメントを整理する。

第2節　諸外国におけるアスリートの抑うつ症状の実態（研究Ⅰ）

　アスリートの抑うつ症状の問題に大きな関心が寄せられている。このなかでもサブクリニカルな抑うつ症状に関する研究が推進されている（Wolanin et al., 2015）。一般に抑うつ症状は，易疲労性，集中力の減衰，体重変化，不眠などを伴い（坂本・大野，2005），日常生活に影響を及ぼす。抑うつ症状のあるアスリートは，アスリートにとって重要なパフォーマンスを阻害することが指摘されている（Newman et al., 2016）。このようにアスリートの抑うつ症状は，パフォーマンスや競技生活に否定的な影響を及ぼす看過できない問題である。

　アスリートの抑うつ症状に関する研究知見は，様々な測度を用いて蓄積され始めている。たとえば諸外国では，Center for Epidemiologic Studies Depression Scale（CES-D；Radloff, 1977），Patient Health Questionnaire（PHQ；Prinz, Dvořák, & Junge, 2016），Beck Depression Inventory（BDI；Hammond et al., 2013），Personality Assessment Inventory（PAI；Storch, Storch, Killiany, & Roberti, 2005），Wakefield Depression Scale（WDS；Weigand, Cohen, & Merenstein, 2013）などを用いてアスリートの抑うつ症状は測定されている。このなかでもCES-Dはアスリートを対象とした多くの研究で利用され，研究知見が蓄積されている（Gorczynski et al., 2017）。CES-D（Radloff, 1977）は，うつ病の症状を測定する20項目に関して，過去1週間に経験した頻度を4件法（0－3点）で回答する自記式尺度である。原版および日本語版（島・鹿野・北村・浅井，1985）では，16点以上の得点がうつ病の可能性を示唆する基準点とされる。

　CES-Dを測度とする研究知見を集約することは，アスリートの抑うつ症状の問題の理解を促進することに寄与すると考えられる。我が国におけるこの分野の研究は極めて限定的であることに鑑みると（例外として深町・石井・

岡, 2017), 諸外国において蓄積されてきた研究知見を整理することは, 我が国におけるこの分野の発展を担う基礎資料に繋がることが期待される。

以下では, CES-Dを測度とするアスリートの抑うつ症状に関する実態調査を整理し, アスリートの抑うつ症状に関する研究動向を概観する。

文献収集方法

CES-Dを測度とするアスリートの抑うつ症状の実態調査を展望するにあたって, 以下の方法を用いて文献検索を行った。

国外の文献収集　国外の文献を収集するにあたり,「PsycINFO」「PsycARTICLES」の2つのデータベースを使用した。検索条件として, ①Journal Articleである, ②「"athlete" AND "Center for Epidemiologic Studies Depression Scale"」が含まれる, ③英語で執筆された文献である, の3つを設定した。発行年は特に制限を設けず検索を実施した。抽出された文献から, ①学位論文, ②レビュー論文, ③後ろ向き研究, ④CES-Dの基準点以上の割合の記載のないもの, ⑤CES-Dの短縮版を用いたもの, ⑥CES-Dの質問項目に変更を加えたもの, ⑦レクリエーションとしてのスポーツ愛好者が調査対象であるもの, ⑧重複して抽出されたもの, については対象から除外した。検索実施日は2019年10月12日であった。

国内の文献収集　国内の文献を収集するにあたり, 国立情報学研究所の提供するNII学術情報ナビゲータ「CiNii」, 特定非営利活動法人医学中央雑誌刊行会の提供する「医中誌Web」, 国立国会図書館の提供する国立国会図書館検索・申込オンラインサービス「NDL-ONLINE」の3つのデータベースを使用した。検索条件として, ①Journal Articleである, ②「"選手orアスリートorスポーツ" AND "Center for Epidemiologic Studies Depression Scale"」が含まれる, ③日本語で執筆された文献である, の3つを設定した。発行年は特に制限を設けず検索を実施した。抽出された文献の除外基準は国外の文献収集と同基準を用いた。検索実施日は2019年10月12日であった。

8

　引用文献による検索（ハンドサーチ）　これらの検索方法で抽出された文献，およびアスリートの抑うつ症状に関する総説論文で引用されている文献を対象として，国内外の文献収集と同じ条件のもとで検索を実施した。

　以上の検索条件によって，本研究で対象とする論文として11件が抽出された。

結果

　抽出された対象論文の特徴をTable 1 - 2 に示す。またCES-Dの基準点以上の割合と年齢，性別，および競技カテゴリーとの関係性をFigure 1 - 1，Figure 1 - 2，Figure 1 - 3 にそれぞれ示す。

　調査が行われた国の特徴　CES-Dを測度とするアスリートの抑うつ症状の実態調査は，アメリカ（6件），イギリス（1件），オーストラリア（1件），スイス（1件），ドイツ（1件），日本（1件）で行われていた。

　対象者の特徴　対象者は，①NCAA（National Collegiate Athletic Association；全米大学体育協会）に所属するアスリート，②オリンピック選手やパラリンピック選手を含むアスリート，③プロ選手やプロチームのユース年代のアスリート，④脳震盪や受傷しているアスリートであった。研究によって，特定の競技種目（サッカー，野球，アメリカンフットボール）に所属するアスリートを対象とする研究と，広範な競技種目に所属するアスリートを対象とする研究が含まれていた。対象者の平均年齢は10代後半から20代であった。

　CES-Dの基準点以上の割合　CES-Dの基準点以上の割合の範囲は，10.6%（Junge & Feddermann-Demont, 2016）から53.0%（深町・石井・岡，2017）であった。このうち男性アスリートにおけるCES-Dの基準点以上の割合は，6.6%（Junge & Feddermann-Demont, 2016）から47.8%（深町・石井・岡，2017）であり，女性アスリートにおいては13.0%（Junge & Feddermann-

Table 1-2

アスリートにおける CES-D注1) の基準点以上の割合

Author, year	Country	Characteristics of athletes	Number (M=male, F=female)	Age in years, mean (SD)	cut-off score	Prevalence of clinically relevant depressive symptoms		
						Total n (%)	Male n (%)	Female n (%)
Appaneal et al. (2009)注2)	USA	Student athletes (NCAA Division I and II and high school student) from various sport	164 (M=108, F=56) included injury group (n=84) and healthy group (n=80)	19.7 (2.0)	16	44/149 (29.5%) at 1 month post injury and 27/120 (22.5%) at 3 months post injury	Not reported	Not reported
深町・石井・岡 (2017)	Japan	Collegiate athletes from various sport	321 (Gender not reported)	27.0 (5.0)	16	170 (53.0%)	Not reported (47.8%)	Not reported (62.1%)
Gulliver et al. (2015)	Australia	Elite athletes from various type and competitive level (included Olympic and Paralympic level) of sport	224 (M=106, F=118)	24.91 (6.00)	16	61 (27.2%)	25 (23.6%)	36 (30.5%)
Junge & Feddermann-Demont (2016)注3)	Switzerland	First League football players and male U-21 football players	432 (First league players: M=182, F=177; U-21 players=73)	Total=22.3 (4.47); Male first league players=24.81 (2.27), Female first league players=20.95 (3.76), Male U-21 players= 18.35 (1.18)	16	46 (10.6%)	First league players=12 (6.6%) Male U-21 players=11 (15.1%)	First league players=23 (13.0%)

Table 1-2（つづき）

Author, year	Country	Characteristics of athletes	Number (M=male, F=female)	Age in years, mean (SD)	cut-off score	Prevalence of clinically relevant depressive symptoms		
						Total n (%)	Male n (%)	Female n (%)
Nixdorf et al. (2013)	Germany	Athletes from various type and level of sport	162 (99 Professionals, M=55, F=44; 35 Junior professionals, M=23,F=12; 28 Amateurs, M=26, F=2)	Total=23.41 (7.03) Professionals=23.05 (4.47); Junior Professionals= 17.71 (1.82); Amateurs= 31.82 (10.09)	22	Total number not reported (The overall prevalence rate=19%, Professionals= 15%, Junior professionals =20%, Amateurs=29%)	Not reported	Not reported
Proctor & Boan-Lenzo (2010)	USA	Male Division I baseball players	66 (M=66)	Not reported 注4)	16	/	Not reported (15.6%)	/
Roiger et al. (2015)	USA	Concussed and injured/nonconcussed Division I collegiate student-athletes	14 (Gender not reported)	Not reported 注5)	16	2 (14.2% at 1 week post injury)	Not reported	Not reported
Smith et al. (2018) 注6)	England	Youth male soccer players from professional soccer academies	108 (M=108)	16.15 (1.84)	16	/	Not reported (T1=24%, T2=33%)	/
Wolanin et al. (2016)	USA	NCAA division I athletes from various sport	465 (M=199, F=263, Gender not specified=3)	Not reported	16	110 (23.7%)	35 (17.6%)	75 (28.5%)

Table 1-2（つづき）

Author, year	Country	Characteristics of athletes	Number (M=male, F=female)	Age in years, mean (SD)	cut-off score	Prevalence of clinically relevant depressive symptoms		
						Total n (%)	Male n (%)	Female n (%)
Yang et al. (2007)	USA	NCAA division I athletes from various sport	257 (M=167, F=90)	20 (1.3)	16	55 (21.4%)	32 (19.2%)	23 (25.6%)
Yang et al. (2014)	USA	NCAA division I football players	330 (gender not reported)	Not reported	16	66 (20.0%)	Not reported	Not reported

注1) CES-D = Center for Epidemiologic Studies Depression Scale.

注2) Appaneal et al. (2009) における抑うつ症状は、2時点（受傷後1ヵ月および3ヵ月）で調査された。CES-Dの基準点以上の割合は、人数比に基づき算出した。

注3) Junge & Feddermann-Demont (2016) におけるCES-Dの基準点以上の割合は、人数比に基づき新たに算出した。

注4) アマチュア選手を含む参加者全体の平均年齢は20.3歳、標準偏差は2.03歳と報告された。

注5) 統制群を含む参加者全体の平均年齢は19.8歳、標準偏差は1.4歳と報告された。

注6) Smith et al. (2018) における抑うつ症状は、2時点で調査された。なお第1回調査時点をT1および第2回調査時点をT2とした。

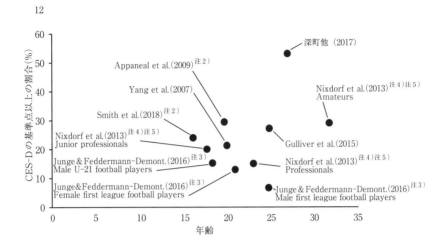

Figure 1-1. CES-D[注1]の基準点以上の割合と年齢との関係。
注1) CES-D = Center for Epidemiologic Studies Depression Scale.
注2) Appaneal et al. (2009) およびSmith et al. (2018) におけるCES-Dの基準点以上の割合は，第1回調査時点の結果を用いた。
注3) Junge & Feddermann-Deamont (2016) の対象者はMale first league football players, Female first league football players, Male U-21 football playersに分類して表記した。
注4) Nixdorf et al. (2013) の対象者はProfessionals, Junior professionals, Amateursに分類して表記した。
注5) Nixdorf et al. (2013) におけるCES-Dの基準点は22である。

Demont, 2016) から62.1%（深町・石井・岡, 2017）であった。なお，深町・石井・岡（2017）では他の研究に比べてCES-Dの基準点を超える割合が突出して高いことから，深町・石井・岡（2017）のデータが外れ値である可能性も考慮し，以下の分析では深町・石井・岡（2017）を含めた場合と除外した場合の双方の結果を報告することとした。

CES-Dの基準点以上の割合と年齢との関係 CES-Dの基準点以上の割合と年齢との関係性を検討するにあたり，平均年齢が明記されている論文7件を対象とした（Figure 1-1）。Junge & Feddermann-Demont (2016) の対象者はMale first league football players, Female first league football players, Male U-21 football playersに，Nixdorf, Frank, Hautzinger,

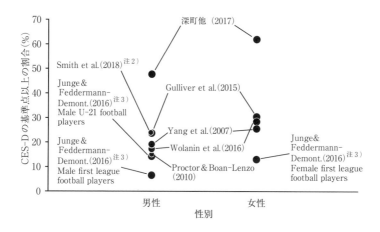

Figure 1-2. CES-D[注1]の基準点以上の割合と性別との関係。
注1）CES-D = Center for Epidemiologic Studies Depression Scale.
注2）Smith et al.（2018）におけるCES-Dの基準点以上の割合は，第1回調査時点の結果を用いた。
注3）Junge & Feddermann-Demont（2016）の対象者はMale first league football players, Female first league football players, Male U-21 football playersに分類して表記した。

& Beckmann（2013）の対象者はProfessionals, Junior professionals, Amateursにそれぞれ分類して表記した。

CES-Dの基準点以上の割合と年齢との相関関係をSpearmanの順位相関係数により検討した結果，有意な相関関係は認められなかった（ρ =.227, p=.502）。なお，外れ値と考えられる深町・石井・岡（2017）を除外して検討した結果，有意な相関関係は認められなかった（ρ = － .006, p=.987）。

CES-Dの基準点以上の割合と性別との関係 CES-Dの基準点以上の割合と性別との関係性を検討するにあたり，性別に対応するCES-Dの基準点以上の割合が記されている論文7件を対象とした（Figure 1-2）。Junge & Feddermann-Demont（2016）の対象者はMale first league football players, Female first league football players, Male U-21 football playersにそれぞれ分類して表記した。

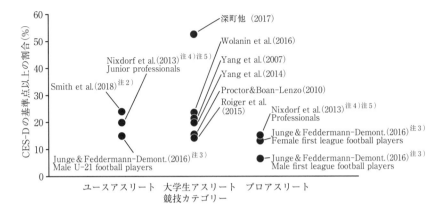

Figure 1-3. CES-Dの基準点以上の割合と競技カテゴリーとの関係。
注1) CES-D = Center for Epidemiologic Studies Depression Scale.
注2) Smith et al. (2018)におけるCES-Dの基準点以上の割合は，第1回調査時点の結果を用いた。
注3) Junge & Feddermann-Demont (2016) の対象者は，Male first league football playersおよびFemale first league football playersをプロアスリートに，Male U-21 football playersをユースアスリートにそれぞれ分類した。
注4) Nixdorf et al. (2013) の対象者は，Junior professionalsをユースアスリートに分類した。
注5) Nixdorf et al. (2013) におけるCES-Dの基準点は22である。

　CES-Dの基準点以上の割合について，男女間で比較するためにMann-WhitneyのU検定を行った結果，両群間に有意差は認められなかった(p=.143)。なお，外れ値と考えられる深町・石井・岡 (2017) を除外して検討した結果，両群間に有意差は認められなかった (p=.131)。

　CES-Dの基準点以上の割合と競技カテゴリーとの関係　CES-Dの基準点以上の割合と競技カテゴリーとの関係性を検討するにあたり，対象者を3つの競技カテゴリー（ユースアスリート，大学生アスリート，プロアスリート）に分類できる論文9件を対象とした（Figure 1-3）。Junge & Feddermann-Demont (2016) の対象者であるMale first league football playersおよびFemale first league football playersはプロアスリートに，Male U-21 football playersはユースアスリートにそれぞれ分類して表記した。さらに

Nixdorf et al.（2013）の対象者であるProfessionalsはプロアスリートに，Junior professionalsはユースアスリートにそれぞれ分類して表記した。

CES-Dの基準点以上の割合について，競技カテゴリーによる3群間（ユースアスリート，大学生アスリート，プロアスリート）で比較するためにKruskal-Wallis検定を行った結果，有意傾向であったため（p=.069），多重比較を行ったところ，ユースアスリート（p=.061）および大学生アスリート（p=.028）におけるCES-Dの基準点以上の割合は，プロアスリートにおけるCES-Dの基準点以上の割合よりも高いことが示唆された。なお，外れ値と考えられる深町・石井・岡（2017）を除外した場合においてもKruskal-Wallis検定の結果は有意傾向であった（p=.076）。多重比較を行ったところ，ユースアスリート（p=.042）および大学生アスリート（p=.049）におけるCES-Dの基準点以上の割合は，プロアスリートにおけるCES-Dの基準点以上の割合よりも高いことが示唆された。

考察

本研究の目的は，CES-Dを測度とするアスリートの抑うつ症状の実態調査を概観することであった。その結果，①CES-Dを測度とするアスリートの抑うつ症状の実態調査は主にアメリカで行われている，②調査対象とされたアスリートは競技種目および競技レベルにおいて多様であり，一部脳震盪や怪我を有するアスリートを含む，③調査対象者の平均年齢は10代後半から20代である，④CES-Dの基準点以上の割合の範囲は10.6%から53.0%である，⑤CES-Dの基準点以上の割合と年齢あるいは性別との関連性はいずれも認められない，⑥プロアスリートにおけるCES-Dの基準点以上の割合は，ユースアスリートおよび大学生アスリートよりも低いことがそれぞれ示唆された。

本研究の結果から，強い抑うつ症状に悩むアスリートは一定数存在することが明らかとなった。このことは強い抑うつ症状に悩むアスリートが必要な

支援を受けられる体制を構築することが重要な課題であることを意味する。具体的な支援体制の1つとして，たとえば潜在的なニーズのあるアスリートをスクリーニングする必要がある。アスリートは精神的な弱さを隠す傾向にあることに加えて（Appaneal, Levine, Perna, & Roh, 2009；Gorczynski et al., 2017），抑うつ症状を低減させるために過剰トレーニングを繰り返すことが知られている（Doherty et al., 2016）。過剰トレーニングは一般的には意欲的と判断される可能性があるため，強い抑うつ症状に悩むアスリートを早期に発見することは容易ではない。CES-Dのような自記式尺度を用いた定期的な調査により，支援ニーズのあるアスリートを早期に発見し，支援に繋げていくことが重要である。

　最後に，本研究の限界と今後の課題について述べる。第1に，本研究で対象としたアスリートの抑うつ症状の測定指標はCES-Dのみであり，これ以外の測度は含めなかった。しかしながら諸外国では，研究数は少ないながらもアスリートの抑うつ症状をPHQ（Prinz et al., 2016），BDI（Hammond et al., 2013），PAI（Storch et al., 2005），WDS（Weigand, et al., 2013）を用いて測定することを試みた研究が報告されている。今後は項目反応理論の等化（豊田，2012）という統計処理によって，抑うつ症状を測定する異なる測度を統合した検討を行う必要がある。

　第2に，本研究では，アスリートの抑うつの問題を理解するにあたり，自記式尺度による抑うつ症状を指標とし，うつ病の診断を行っていない。CES-Dの基準点以上の得点を得たアスリートが必ずしもうつ病であるとは判断できない。CES-Dの基準点の設定はうつ病患者群と一般対照群との比較により行われている（島他，1985）。そのためCES-Dは，対象者に偏りが認められ，診断精度が過大評価される範囲バイアスを生じている可能性が指摘されている（佐藤・石川・下津・佐藤，2009）。今後はうつ病診断に基づいてアスリートの抑うつの問題を理解していく必要がある。

　最後に，本研究ではアスリートの抑うつ症状を低減する支援策について言

及していない。諸外国を中心に，アスリートの抑うつ症状に関する実態調査は行われている（Wolanin et al., 2015）。しかしながら国内外を通じて，アスリートの抑うつ症状の低減を促進する支援策はほとんど行われていない。今後は非アスリートの抑うつ症状を低減する認知行動療法プログラム（石川・岩永・山下・佐藤・佐藤，2010）を参照しながら，アスリートを対象としたプログラムを開発し効果検証を行う必要がある。

第3節　我が国におけるアスリートの抑うつ症状の実態（研究Ⅱ）

　アスリートの心身の健康維持はパフォーマンス向上とならんで重要な課題であり（Gardner & Moore, 2006），精神的健康の一つとして抑うつ症状に注目した研究が進められている。抑うつ症状は，否定的で低い気分状態や非活動性を特徴とする精神症状であり（坂本，2002），長期化するとうつ病に繋がるとされる（Malinowski, Breanna, & Atkinson, 2017）。諸外国で実施されてきたアスリートの抑うつ症状の実態調査から，アスリートの7.6％から27.2％が軽度から中程度（Gulliver, Griffiths, Mackinnon, Batterham, & Stanimirovic, 2015；Junge & Feddermann-Demont, 2016），3.0％から8.5％が重度の抑うつ症状を示すと報告されている（Junge & Feddermann-Demont, 2016；Kuettel, Melin, Larsen, & Lichtenstein, 2021）。アスリートのうつ病は，様々な健康問題や全般的なウェルビーイングに悪影響を及ぼし（Wolanin, Hong, Marks, Panchoo, & Gross, 2016），適切な治療が施されなければアルコールや薬物などの物質使用，将来の自殺リスクがあるとされる（Newman et al., 2016）。このように，アスリートの抑うつ症状は支援が必要とされる重要な問題である。

　アスリートの抑うつ症状は，競技において重要な結果である怪我やパフォーマンスと密接に関連する（Prinz et al., 2016；Rice, Purcell, De Silva, Mawren, McGorry, & Parker, 2016；Wolanin et al., 2015）。怪我のあるアスリートの22.5％（Yang, Cheng, Zhang, Covassin, Heiden, & Peek-Asa, 2014），過去12ヵ

月間に怪我の経験のあるアスリートの24.8％が（Yang, Peek-Asa, Corlette, Cheng, Foster, & Albright, 2007），カットオフ値（基準点）を超える強い抑うつ症状を示すなど，怪我をしているアスリートは抑うつ症状にも悩まされている（Gulliver et al., 2015；Junge & Feddermann-Demont, 2016）。怪我の発生後，抑うつ症状は減少していくものの（Guo, Yang, Yi, Singichetti, Stavrinos, & Peek-Asa, 2020；Roiger, Weidauer, & Kern, 2015），怪我の発生から1週間後で14.2％（Roiger et al., 2015），1ヵ月後で9.6％（Appaneal et al., 2009）から14.2％（Roiger et al., 2015），3ヵ月後で4.4％（Appaneal et al., 2009）が依然としてカットオフ値を超える抑うつ症状を示すことが報告されている。怪我と同様に，パフォーマンスのミスが原因でアスリートは強い抑うつ症状を経験する（Gulliver et al., 2012；Newman et al., 2016）。競技中のスキル喪失や受け入れがたい競技結果はうつ病の発症要因であり（Doherty et al., 2016），重大なミスはうつ病症状の悪化要因である（Glick et al., 2012）。このように怪我やパフォーマンスは，アスリートの抑うつ症状と関連する重要なリスクファクターとして認識されており（Prinz et al., 2016；Rice et al., 2016；Wolanin et al., 2015），アスリートの抑うつ症状の実態を把握する上で考慮すべき要因である。

　一方，これらの知見の多くは諸外国で発信されたものであり，日本のアスリートにおける抑うつ症状の実態や怪我およびパフォーマンスとの関連性については，実証データに基づく報告が非常に限られている。日本国内のアスリートの抑うつ症状を記述した数少ない例である添嶋・胸元（2018）は，体育大学新入学生を対象にBDI-Ⅱを用いて抑うつ症状の調査を行った結果，軽度以上のうつ状態のアスリートは男性3.0％，女性4.8％であったと報告している。しかしながら，我が国ではアスリートの抑うつ症状と怪我やパフォーマンスとの関連を検討した研究は行われていない。今後アスリートの抑うつ症状への支援の充実化を図るうえで，アスリートにおける抑うつ症状の実態を明らかにすることには意義があるものと思われる。

　そこで以下では，我が国におけるアスリートの抑うつ症状の実態を把握

し，抑うつ症状と性別，怪我，およびパフォーマンス停滞との関連性を明らかにする。具体的には，以下2点の仮説を検証する。第1に，怪我を負うアスリートの抑うつ症状は，怪我のないアスリートよりも強い（仮説1）。第2に，パフォーマンス停滞を自覚するアスリートの抑うつ症状は，パフォーマンス停滞を自覚していないアスリートよりも強い（仮説2）。なお我が国において抑うつ症状と怪我に伴う活動停止期間およびパフォーマンスの停滞期間との関係性は明らかにされていない。そこで本研究では，抑うつ症状と怪我に伴う活動停止期間およびパフォーマンス停滞期間との関係性を探索する。

方法

倫理的配慮　本調査は，X年7月-8月およびX＋1年9月-10月に実施された。調査票の表紙に本研究の目的とデータ利用に関する説明，およびプライバシー保護について記載し，口頭でも説明を行った後，これに同意する場合にのみ回答を求めた。

調査対象者および分析対象者　調査対象者は，甲信越地方のA大学および関西地方のB大学に所属する大学生アスリート368名（男性251名，女性117名，平均年齢=19.97歳，SD=1.47歳）であった。調査対象者のうち，抑うつ症状について記入漏れや記入ミスのあったものを除く354名（男性243名，女性111名，平均年齢=19.99歳，SD=1.49歳）を分析対象とした（有効回答率96.20％）。分析対象者は，陸上競技や水泳などの個人種目，およびバレーボールやラグビーなどの集団種目に所属し（Supplementary Table 1），国際レベルを含む様々な競技レベルにあった（Supplementary Table 2）。週の平均練習日数について記入漏れや記入ミスのあった32名を除く322名における週の平均練習日数は5.04日，標準偏差は1.52日であった。

調査内容

フェイスシート　性別，学年，年齢について尋ねた。

Supplementary Table 1
競技種目別の特性[注1]

Characteristic	Individual sport			
	陸上競技	水泳	弓道	テニス
Gender, n				
Total	73	19	27	5
Male	62	16	14	4
Female	11	3	13	1
Age, M (SD)	19.91 (1.34)	20.11 (1.33)	19.61 (1.18)	19.60 (1.82)
Age range	18-24	18-23	18-22	18-22
CES-D, M (SD)				
Total	14.81 (9.12)	14.42 (9.31)	16.59 (9.94)	16.80 (10.57)
Male	14.79 (9.33)	14.94 (9.71)	19.00 (9.76)	17.00 (12.19)
Female	14.91 (8.23)	11.67 (7.64)	14.00 (9.85)	16.00
CES-D cutoff score (≥ 16), n				
Total (%)	28 (38.36%)	5 (26.32%)	13 (48.15%)	3 (60.00%)
Male	24 (38.71%)	4 (25.00%)	8 (57.14%)	2 (50.00%)
Female	4 (36.36%)	1 (33.33%)	5 (38.46%)	1 (100%)

注1) 354 名を分析対象とした。

Supplementary Table 1
競技種目別の特性[注1] (つづき)

Characteristic	Team sport				
	バレーボール	ラグビー	バスケットボール	ソフトボール	サッカー
Gender, n					
Total	4	43	23	20	79
Male	0	43	14	11	63
Female	4	0	9	9	16
Age, M (SD)	19.75 (0.96)	21.40 (2.42)	20.00 (1.00)	19.20 (1.01)	19.77 (1.09)
Age range	19-21	18-26	18-22	18-22	18-22
CES-D, M (SD)					
Total	12.25 (4.57)	14.16 (8.82)	11.30 (7.67)	14.55 (8.51)	13.54 (7.82)
Male	/	14.16 (8.82)	12.64 (8.12)	15.73 (9.73)	13.35 (7.71)
Female	12.25 (4.57)	/	9.22 (6.82)	13.11 (7.03)	14.31 (8.46)
CES-D cutoff score (≥ 16), n					
Total (%)	1 (25.00%)	17 (39.53%)	4 (17.39%)	8 (40.00%)	24 (30.38%)
Male	0	17 (39.53%)	3 (21.43%)	5 (45.45%)	20 (31.75%)
Female	1 (25.00%)	0	1 (11.11%)	3 (33.33%)	4 (25.00%)

注1) 354 名を分析対象とした。

Supplementary Table 1
競技種目別の特性[注1]（つづき）

Characteristic	Team sport	
	チアリーディング	アイスホッケー
Gender, n		
Total	45	16
Male	0	16
Female	45	0
Age, M (*SD*)	19.87 (1.25)	19.69 (0.95)
Age range	18-22	18-21
CES-D, M (*SD*)		
Total	16.42 (8.48)	14.25 (9.13)
Male	/	14.25 (9.13)
Female	16.42 (8.48)	/
CES-D cutoff score (≥ 16), n		
Total (%)	22 (48.89%)	6 (37.50%)
Male	0	6 (37.50%)
Female	22 (48.89%)	0

注1）354 名を分析対象とした。

Supplementary Table 2
競技レベル別の特性[注1]

Characteristic	国際レベル	全国レベル	地区ブロックレベル	県レベル	これらの大会に出場していない
Gender, n					
Total	3	78	123	19	99
Male	2	67	88	12	72
Female	1	11	35	7	27
Age, M (*SD*)	20.33 (1.53)	20.77 (1.70)	20.17 (1.45)	19.26 (1.41)	19.41 (1.18)
Age range	19-22	18-25	18-26	18-23	18-24
CES-D, M (*SD*)					
Total	11.33 (3.06)	13.78 (8.52)	14.49 (9.07)	14.89 (10.15)	14.27 (8.15)
Male	13.00 (1.41)	14.37 (8.82)	14.63 (9.07)	17.00 (11.27)	14.26 (8.35)
Female	8.00	10.18 (5.44)	14.14 (9.17)	11.29 (7.20)	14.30 (7.76)
CES-D cutoff score (≥ 16), n					
Total (%)	0 (0%)	24 (30.77%)	48 (39.02%)	7 (36.84%)	36 (36.36%)
Male	0	22	36	5	26
Female	0	2	12	2	10

注1）出場大会に関して未記入の者 32 名を除外した 322 名を分析対象とした。

競技関連項目 競技種目，トレーニング頻度，競技レベルについて尋ねた。トレーニング頻度については，「過去 1 ヵ月間で，トレーニング（自主的な練習を含む）を，1 週あたり平均何日行ってきましたか」という教示文を提示し，日数を回答させた。競技レベルについては，幾留・中本・森・藤田（2017）が用いた最高競技成績の分類を参考に，大学入学以降に出場した大会（国際大会，全国大会，地区ブロック大会，県大会）への出場回数をそれぞれ回答させ，上位大会の出場経験から競技レベル（国際レベル，全国レベル，地区ブロックレベル，県レベル，これらの大会に出場していない）を設定した。

抑うつ症状 CES-D（Radloff, 1977）の邦訳版（島他，1985）を使用した。CES-Dは，うつ病の主要症状に関する計20項目から構成され，過去 1 週間における各症状の経験頻度を 4 段階（0 - 3 点）で評価する自己評価尺度である。合計得点が高いほど抑うつの程度が強く，16点以上がうつ病の可能性がある基準点となる。信頼性および臨床的妥当性と併存的妥当性が確認されている。アスリートの抑うつ症状を測定するうえでCES-Dは有益である。CES-Dはアスリートを対象とした研究で数多く用いられているだけでなく（Guo et al., 2020；Kuettel et al., 2021），欧米や我が国を含めたアジア諸国（Blodgett, Lachance, Stubbs, Co, Wu, Prina, & Cosco, 2021；Tomitaka, Kawasaki, & Furukawa, 2015）など属性の異なる対象者に用いられている。そのためCES-Dを用いて評価された先行研究の抑うつ症状と本研究におけるアスリートの抑うつ症状の比較が可能となる。

怪我の有無と程度 「あなたは，現在怪我をしていますか」という設問に対して怪我があると回答した場合は，怪我に伴う活動停止期間を「1 ヵ月未満」「1 ヵ月以上 3 ヵ月未満」「3 ヵ月以上 1 年未満」「1 年以上」「スポーツ活動を停止していない」の 5 段階で回答を求めた。

パフォーマンス停滞の有無と程度 「あなたは，現在，何らかの理由で，習得していたはずのプレーが思い通りにできない状態が続いていますか」という設問に対して，この状態があると回答した場合は，その継続期間を「2

週間未満」「2週間以上1ヵ月未満」「1ヵ月以上6ヵ月未満」「6ヵ月以上」
の4段階で回答を求めた。

統計解析

　最初に，アスリートの抑うつ症状の実態を記述するために，CES-D得点
の平均値，標準偏差，カットオフ値（16点）以上を示す対象者の割合を算出
した。それに続いて，アスリートにおける抑うつ症状の性差を検討するた
めに，性別を独立変数，CES-D得点を従属変数とするt検定を行った。さら
に，カットオフ値以上の抑うつ症状の発生率にも性差が表れるか否かを明ら
かにするために，カットオフ値以上のCES-D得点を示す対象者の割合の性
差に関するχ^2検定を行った。

　次に，怪我と抑うつ症状との関連を明らかするために，怪我の有無を独立
変数，CES-D得点を従属変数とするt検定を行った。また，怪我に伴う活動
停止期間と抑うつ症状との関連を明らかにするために，怪我に伴う活動停止
期間を5つ（最軽度群：スポーツ活動を停止していない，軽度群：1ヵ月未満，中程
度群：1ヵ月以上3ヵ月未満，重度群：3ヵ月以上1年未満，最重度群：1年以上）に
分類し，怪我に伴う活動停止期間を独立変数，CES-D得点を従属変数とす
る一要因分散分析を行った。

　最後に，パフォーマンス停滞と抑うつ症状との関連を明らかにするため
に，パフォーマンス停滞の有無を独立変数，CES-D得点を従属変数とする
t検定を行った。また，パフォーマンス停滞期間と抑うつ症状との関連を明
らかにするために，パフォーマンス停滞期間を4つ（軽度群：2週間未満，中
程度群：2週間以上1ヵ月未満，重度群：1ヵ月以上6ヵ月未満，最重度群：6ヵ月以
上）に分類し，パフォーマンス停滞期間を独立変数，CES-D得点を従属変数
とする一要因分散分析を行った。

結果

アスリートの抑うつ症状 分析対象者354名におけるCES-Dの平均得点は14.50点（範囲：0‐48点）であり，標準偏差は8.65点であった。うつ病リスクが高いとされるカットオフ値（16点）以上を示した者は131名（37.01%，男性89名，女性42名）であった（Figure 1‐4）。CES-Dのカットオフ値以上を示す競技種目別（Supplementary Table 1），競技レベル別（Supplementary Table 2），学年別（Supplementary Table 3）のそれぞれの割合は補遺を参照されたい。

アスリートの抑うつ症状の性差 分析対象者354名において，CES-D得点の性差をあきらかにするために t 検定を行った。その結果，男性（M=14.48, SD=8.84）と女性（M=14.55, SD=8.26）に有意差はみられなかった（t [352]=0.07, p=.942）。カットオフ値以上の抑うつ症状発生率（男性の割合 36.63%；243名中89名，女性の割合37.84%；111名中42名）の性差を χ^2 検定によって検討したところ，群間に有意差はみられなかった（χ^2=0.048, df=1, p=.827）。

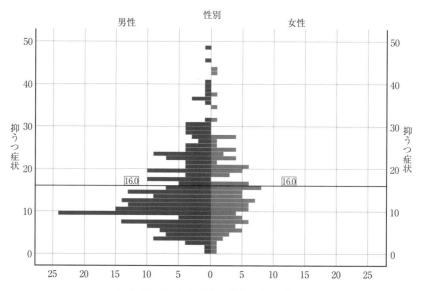

Figure 1-4. 性別による抑うつ症状の人口ピラミッド。

第1章 アスリートの抑うつ症状とスポーツパフォーマンス 25

Supplementary Table 3
学年別の特性[注1]

Characteristic	1 学年	2 学年	3 学年	4 学年	5 学年[注2]	6 学年
Gender, n						
Total	107	112	78	44	7	6
Male	71	78	57	25	6	6
Female	36	34	21	19	1	0
Age, M (SD)	18.70 (0.73)	19.54 (0.61)	20.73 (0.68)	21.61 (0.69)	24.29 (0.95)	24.67 (1.03)
Age range	18-23	19-21	20-23	21-24	23-26	23-26
CES-D, M (SD)						
Total	14.70 (8.28)	14.88 (9.11)	15.22 (8.72)	13.16 (8.55)	9.57 (8.32)	10.17 (3.97)
Male	14.75 (9.05)	15.29 (9.68)	14.49 (8.05)	13.00 (8.19)	11.00 (8.12)	10.17 (3.97)
Female	14.61 (6.63)	13.91 (7.69)	17.19 (10.28)	13.37 (9.23)	1.00	/
CES-D cutoff score (≥ 16), n						
Total (%)	39 (36.45%)	44 (39.29%)	34 (43.59%)	11 (25.00%)	2 (28.57%)	1 (16.67%)
Male	24	33	23	6	2	1
Female	15	11	11	5	0	0

注 1) 354 名を分析対象とした。
注 2) 5 学年には修士課程 1 学年 2 名（男女各 1 名）を含む。

怪我と抑うつ症状の関連　怪我の有無について記入漏れや記入ミスのあっ
た 30 名を除く 324 名のうち，怪我を有する受傷群は 84 名（男性 68 名，女性 16
名，平均年齢＝20.37 歳，SD＝1.82），怪我を有しない非受傷群は 240 名（男性 172
名，女性 68 名，平均年齢＝19.87 歳，SD＝1.35）であった。両群における CES-D 得
点の差について t 検定を行った結果，受傷群（M＝15.31, SD＝8.73）と非受傷群
（M＝14.07, SD＝8.66）に有意差はみられなかった（t [322]＝1.13, p＝.261）。このた
め「怪我を負うアスリートの抑うつ症状は，怪我のないアスリートよりも強
い」という仮説 1 は支持されなかった。

　続いて，受傷群に分類された 84 名を，怪我に伴う活動停止期間を基準と
してさらに分類したところ，最軽度群 50 名（M＝14.84, SD＝9.69），軽度群 20 名
（M＝15.60, SD＝6.98），中程度群 9 名（M＝18.00, SD＝7.97），重度群 5 名（M＝14.00,
SD＝7.18），最重度群 0 名となった。怪我に伴う活動停止期間を独立変数，
CES-D 得点を従属変数とする分散分析を行ったところ，有意な群間差は認

26

められなかった（F [3, 80]=.369, p=.775）。

パフォーマンス停滞とCES-D得点　パフォーマンス停滞の有無について記入漏れや記入ミスのあった28名を除く326名のうち，パフォーマンス停滞を自覚しているパフォーマンス停滞群は141名（男性106名，女性35名，平均年齢=19.99歳，SD=1.49），パフォーマンス停滞を自覚しないパフォーマンス非停滞群は185名（男性135名，女性50名，平均年齢=20.08歳，SD=1.52）であった。両群のCES-D得点を比較するt検定を行った結果，パフォーマンス非停滞群（M=13.58, SD=8.37）とパフォーマンス停滞群（M=15.32, SD=8.96）に有意差はみられなかった（t [324]=1.80, p=.073）。このため「パフォーマンス停滞を自覚するアスリートの抑うつ症状は，パフォーマンス停滞を自覚していないアスリートよりも強い」という仮説2は支持されなかった。

　続いて，パフォーマンス停滞群に分類された141名のうちパフォーマンス停滞期間について記入漏れや記入ミスのあった2名を除く139名を，パフォーマンス停滞期間を基準としてさらに分類したところ，軽度群25名（M=13.84, SD=6.94），中程度群30名（M=15.70, SD=9.05），重度群42名（M=15.33, SD=9.12），最重度群42名（M=15.48, SD=9.90）となった。パフォーマンス停滞期間を独立変数，CES-D得点を従属変数とする分散分析を行ったところ，有意な群間差は認められなかった（F [3, 135]=.237, p=.871）。

考察

　本研究の目的は，アスリートの抑うつ症状の実態を把握すること，および，抑うつ症状と性別，怪我，およびパフォーマンス停滞との関連を明らかにすることであった。分析の結果，①アスリートの約3名に1名がうつ病リスクが高いとされるほどの抑うつ症状を抱えていること，②怪我の有無や怪我に伴う活動停止期間による抑うつ症状の差異があるとは言い切れないこと，③パフォーマンス停滞の有無やパフォーマンス停滞期間による抑うつ症状の差異があるとは言い切れないことの3点が明らかとなった。

第1章 アスリートの抑うつ症状とスポーツパフォーマンス　27

　我が国のアスリートにおいて抑うつ症状の実態が明らかにされたことは重要な結果であると言える。本研究と同様の自己評価尺度（CES-D）を用いて多様な競技種目のアスリートの抑うつ症状を調査したYang et al.（2007）とGulliver et al.（2015）は，カットオフ値以上の抑うつ症状を有するアスリートはそれぞれ21.4％，27.2％であったと報告している。本研究の対象者においては37.01％がカットオフ値以上の抑うつ症状を報告しており，日本のアスリートは諸外国よりも強い抑うつ症状を抱えやすいことが示唆された。しかしながら競技レベルの相違が抑うつ症状に与える影響については未だ明らかにされていないため，結果の解釈には留意する必要がある。Yang et al.（2007）の対象者は全米大学体育協会ディビジョンⅠに所属するアスリート，Gulliver et al.（2015）の対象者は全国大会，オリンピック競技大会やパラリンピック競技大会を含む国際大会の出場機会のあるアスリートであり，どちらも高い競技レベルを有する者であった。一方で，本研究の対象者を参照するとYang et al.（2007）やGulliver et al.（2015）の対象者の競技レベルに相当する者は，81名（25.16％：出場大会に関して未記入の32名を除外した322名を総数とする）であった。本研究で得られたカットオフ値以上の抑うつ症状を有するアスリートの割合については，競技レベルの相違が抑うつ症状に影響した可能性を考慮しながら慎重に解釈する必要がある。

　カットオフ値を超える強い抑うつ症状を有するアスリートは，スポーツ特有のストレス事態から影響を受けている可能性がある。我が国とイギリスにおけるサッカー選手を対象としてストレッサーとバーンアウトとの関連を検討したTabei, Fletcher, & Goodger（2012）は，我が国には練習の意思決定に上級生や指導者の意見が色濃く反映される社会的階層性から生じるストレッサーがあることを指摘している。アスリートの抑うつ症状は慢性的な社会的ストレスと関連することが知られており（Nixdorf et al., 2013），こうした高ストレス事態がアスリートの抑うつ症状につながっている可能性がある。

　本研究では，怪我の有無や活動停止期間の長さによる抑うつ症状の明確な

差異は確認されなかった。諸外国の調査では，怪我のあるアスリートの抑うつ症状は怪我の無いアスリートよりも有意に強いことが示唆されており（Gulliver et al., 2015；Junge & Feddermann-Demont, 2016），怪我は抑うつ症状を生じさせるリスクファクターであることが繰り返し報告されている（Wolanin et al., 2015）。直井（2017）は前十字靭帯損傷のあるアスリートの心理的ストレスを検討した諸研究を概観し，前十字靭帯損傷のあるアスリートは強い抑うつを示すことを報告している。本研究の分析対象者を参照すると，前十字靭帯損傷のような重篤な怪我のあるアスリートは，ほとんど認められなかった。具体的には，怪我に伴う活動停止期間が３ヵ月以上１年未満に分類されたアスリートは５名であり，１年以上の最重度群に分類されたアスリートはいなかった。怪我と抑うつ症状との関連が認められなかった本研究の結果は，前十字靭帯損傷のような重篤な怪我のあるアスリートが本研究の分析対象に含まれていない可能性を考慮して解釈される必要がある。

　本研究では，パフォーマンス停滞の有無やパフォーマンス停滞期間による抑うつ症状の明確な差異は確認されなかった。これは，競泳の国際大会予選会でのパフォーマンス停滞はDSM-Ⅳ-TR（American Psychiatric Association, 2000）に準拠する抑うつエピソードと関連するという報告（Hammond et al., 2013）とは異なる結果である。Hammond et al.（2013）の対象者は，国際大会を目指すアスリートであり高い競技レベルの者であった。一方，本研究で対象としたアスリートのうちHammond et al.（2013）と同等と考えられる国際大会出場レベルのアスリートはわずか３名であった。高い競技レベルにあるアスリートは，パフォーマンスの成否によって評価される環境下にあることがうつ病の発症要因の一つと考えられている（Doherty et al., 2016）。このことを考慮すると，本研究の大部分の対象者が国内を中心とした大会に出場するような競技レベルであることが，抑うつ症状とパフォーマンス停滞との明確な差異を確認できなかった結果に繋がったと考えられる。

　最後に，本研究の限界と今後の課題について示す。第１に，抑うつ症状と

怪我との関連は認められなかった点について，サンプルの偏りが影響した可能性がある。怪我に伴う長期の活動停止期間を強いられるアスリートは，活動制限により練習から離脱した結果，本研究の分析対象に含まれなかった可能性がある。この解決策の一つとして，今後は，医療機関を受診するアスリートを対象とし，抑うつ症状と怪我との関連を検証していく必要がある。

第2に，本研究で使用した測定指標は自己評価尺度のみであった。CES-Dにおいて16点を基準点とする場合（感度95.1％，特異度85.0％）には多くの偽陽性を含むことが指摘されるなど（Wada, Tanaka, Theriault, Satoh, Mimura, Miyaoka, & Aizawa, 2007），抑うつ症状の実態をより正確に把握するためには，自己評定尺度以外の手法を導入した多面的測定を行うことが望ましい。今後は，自己評価尺度による測定を補完するために，専門家による抑うつの評定を組み合わせることや，ストレス関連指標として用いられている唾液中コルチゾール（門岡・平田・菅生，2013）などのバイオマーカーを併用することも検討の余地がある。

第3に，怪我やパフォーマンスと抑うつ症状の関連性に影響する交絡要因や緩衝要因については未検討である。たとえば，遠征費や物品購入など金銭的負担の強いられるアスリートにとって重要な就学資金の有無（Wolanin et al., 2016），受けたい身体的ケアを近隣の医療機関で受けられるか否かに関わる転居の有無（Gulliver et al., 2015）などは，先行研究において抑うつ症状との関連が指摘されている要因である。このように怪我やパフォーマンス以外の要因からも抑うつ症状との関連を検討すれば，支援を必要とするアスリートに具体的な支援を提供するための基礎資料になると考えられる。

第4に，本研究は横断調査であったため抑うつ症状と怪我およびパフォーマンスとの関係における因果の推論については言及できない。今後は縦断調査を用いることで抑うつ症状と怪我およびパフォーマンスとの因果関係を明らかにしていくことが重要である。

第5に，抑うつ症状と怪我およびパフォーマンスとの関連を検討する際

に用いた期間の分類の妥当性は検討すべき課題である。本研究では，怪我に伴う活動停止期間やパフォーマンス停滞期間を先行研究（岡・竹中・児玉，1995；佐藤，2013）を参考にそれぞれ設定したが，この期間の妥当性は確認されていない。たとえば抑うつ症状はパフォーマンス停滞を自覚した後に線形的に上昇するのか，あるいは曲線的な変化を示すのかに関する知見は得られていない。本研究では，怪我に伴う活動停止期間やパフォーマンス停滞期間を質的変数として捉えたが，期間の実数を量的変数とすることで本研究では扱えなかった分析方法を用いてアスリートの抑うつ症状と怪我およびパフォーマンスとの関連をより多角的に分析し検討していく必要がある。

第4節　アスリートの抑うつ症状のアセスメント

　アスリートの抑うつ症状の実態調査では，いくつかの異なる尺度が用いられている。以下では，アスリートの抑うつ症状を測定する尺度について紹介する。

Center for Epidemiologic Studies Depression Scale（CES-D）

　CES-Dは，うつ病の主要症状に関する計20項目から構成され，過去1週間における各症状の経験頻度を4段階（0-3点）で評価する自己評価尺度である。合計得点が高いほど抑うつの程度が強く，16点以上がうつ病の可能性がある基準点となる。信頼性および臨床的妥当性と併存的妥当性が確認されている。

　CES-Dを用いて大学生アスリート238名（男性アスリート52.9%）の抑うつ症状の実態を調査した最近の研究では，CES-Dの平均得点は，男性アスリート11.26点（標準偏差7.50点）であり，女性アスリート13.54点（標準偏差9.53点）であった（Sullivan, Moore, Blom, & Slater, 2020）。このうち基準点以上の抑うつ症状を経験する大学生アスリートは68名（28.6%：男性30名，女性38名）であっ

た。

　またCES-Dを用いて大学生アスリート409名（男性アスリート200名，女性アスリート209名）の抑うつ症状の実態を調査した別の研究では，CES-Dの平均得点は11.3点（標準偏差8.4点）であった（Kuettel et al., 2021）。このうち24.9%（男性アスリート20.6%，女性アスリート30.7%）が基準点以上の抑うつ症状を経験していた。

Patient Health Questionnaire（PHQ）

　短時間で精神疾患を診断するシステムとしてのPrimary Care Evaluation of Mental Disorders（PRIME-MD）を基盤として，自己評価尺度として開発されたPatient Health Questionnaire（PHQ）のうち，うつ病のスクリーニングとして項目を抽出して作成された測度がPHQ-9である（村松，2014）。PHQ-2は，PHQ-9をさらに短縮したものであり，過去2週間における抑うつ気分（depressed mood）とアヘドニア（anhedonia）の2項目の経験頻度を4段階（0-3点）で評価する，3点以上がうつ病の可能性のある基準点とされる測度である（Levis, Sun, He, Wu, Krishnan, Bhandari, Neupane, Imran, Brehaut, Negeri, Fischer, Benedetti, & Thombs, 2020）。

　PHQ-2を用いた抑うつ症状の実態調査は，キャリアを終えた女性サッカー選手を対象に実施された（Prinz et al., 2016）。「トップレベルのサッカー選手としてのキャリアを終了後，最初の2年間」と期間を定めた教示を行ったうえでPHQ-2を用いて調査は行われた。その結果，抑うつ症状の平均得点は0.87点（SD=1.21；range 0-6），うつ病の可能性があるとされる選手の割合は8.5%であることが明らかとなった。

Beck Depression Inventory（BDI）

　BDI-Ⅱは，うつ病の診断基準に対応する症状と重症度を評価するために用いられる21項目の自己評価尺度である（Beck, Steer, Ball, & Ranieri, 1996）。

各項目は4段階（0‐3点）で評価され，基準点は点数に応じて軽度（14-19点），中等度（20-28点），重度（29-63点）を反映している。Hammond et al.（2013）は，国際レベルにある50名（男性28名，女性22名）の大学競泳選手を対象としてBDI-Ⅱによる抑うつ症状の実態を調査した。その結果，22％のアスリートが軽度の抑うつ症状を経験し，4％のアスリートが中等度の抑うつ症状を経験していたことが明らかとなった。

Wakefield Depression Scale（WDS）

WDSは，12項目で構成され，各項目は4段階（0‐3点）で評価する自己評価尺度であり，15点以上がうつ病の可能性のある基準点であるとされる（Snaith, Ahmed, Mehta, & Hamilton, 1971）。Weigand et al.（2013）は，卒業後2年以内の大学生アスリート112名および現役大学生アスリート161名を対象に，WDSによる抑うつ症状の実態を調査した。その結果，卒業後2年以内の大学生アスリートでは，抑うつ症状の平均得点は6.95点（SD=4.94；range 0‐21）であり，8.03%（n=9）のアスリートが基準点以上の抑うつ症状を経験していた。また現役大学生アスリートでは，抑うつ症状の平均得点は8.67点（SD=5.75；range 0‐23）であり，16.77%（n=27）のアスリートが基準点以上の抑うつ症状を経験していた。

第5節　本章のまとめ

第1章では，アスリートの抑うつ症状とスポーツパフォーマンスについて述べた。第1節では，アスリートの抑うつ症状について概説した後に，アスリートの抑うつ症状がスポーツパフォーマンスに及ぼす影響について触れた。続いて，第2節では，CES-Dを測度とするアスリートの抑うつ症状の実態調査に関する研究動向を展望した。その結果，①調査実施の主要国はアメリカである，②調査対象とされたアスリートは，競技種目と競技レベルに

おいて多様であり，一部脳震盪や怪我を有するアスリートを含む，③調査対象者の平均年齢は10代後半から20代である，④CES-Dの基準点以上の割合の範囲は10.6%から53.0%である，⑤CES-Dの基準点以上の割合と，年齢あるいは性別との関連性はいずれも認められない，⑥プロアスリートにおけるCES-Dの基準点以上の割合は，ユースアスリートおよび大学生アスリートよりも低い，といった点が確認された。

　第3節では，我が国の大学生アスリートの抑うつ症状の実態，および，抑うつ症状と性別，怪我，スポーツパフォーマンス停滞との関連を明らかにした。分析の結果，①アスリートの約3名に1名がうつ病のリスクが高いとされるほどの抑うつ症状を抱えている，②怪我の有無や怪我に伴う活動停止期間による抑うつ症状の差異があるとは言い切れない，③パフォーマンス停滞の有無やパフォーマンス停滞期間による抑うつ症状の差異があるとは言い切れないことが明らかとなった。これらの結果から，スポーツ環境下における高ストレス事態がアスリートの抑うつ症状に影響している可能性が考えられた。またこの結果は，重篤な怪我のあるアスリートがこの実態調査の分析対象に含まれていない可能性や，大多数の対象者が国内大会に出場する競技レベルのアスリートであったことを考慮して解釈される必要があることが考えられた。

　第4節では，アスリートの抑うつ症状の実態調査で用いられている尺度を紹介した。アスリートの抑うつ症状の測定には，CES-D, PHQ, BDI, WDSが利用されていることが確認された。

第2章　スポーツ文脈における認知行動療法

　第2章では，スポーツ文脈における認知行動療法について述べる。認知行動療法はその歴史的変遷において，行動主義を中心とした第一世代（Pavlov, 1927；Skinner, 1953），認知主義を中心とした第二世代（Ellis, 1957；Beck, 1964；Meichenbaum, 1977），行動の生起する環境と行動の及ぼす効果に着目する機能的文脈主義を中心とした第三世代（Hayes, 2004 a）に分類される（熊野，2012；岡島，2013）。

　第1節では，スポーツ文脈への認知行動療法の応用について述べる。続いて，第2節ではスポーツ文脈における第一世代の認知行動療法，第3節ではスポーツ文脈における第二世代の認知行動療法，そして第4節ではスポーツ文脈における第三世代の認知行動療法についてそれぞれ言及する。スポーツ文脈における各世代の認知行動療法について概観する際，スポーツパフォーマンスの改善に欠くことのできない技法であるセルフトーク技法について各世代の認知行動療法の立場から概説する。また研究数はわずかであるものの，アスリートの抑うつ症状に対する各世代の認知行動療法について言及する。

第1節　スポーツ文脈への認知行動療法の応用

　認知行動療法（または認知行動理論）を学術的背景にした専門家が，臨床心理学の分野で開発されてきた技法をスポーツパフォーマンスの改善のために援用し，多大な貢献を果たしてきている（Whelan, Mahoney, & Meyers, 1991）。臨床心理学分野における認知行動療法の発展に伴って，スポーツパフォーマンス改善のためのアプローチも変遷を遂げてきている（Gardner & Moore,

2004，2007；Whelan et al.，1991）。心理的スキルトレーニング（Psychological Skills Training：PST）[注2-1]の変遷においても，認知行動療法に基づくアプローチは，重要な役割を果たしてきている。

　我が国においては，医療や教育などの分野で認知行動療法の効果が実証されているものの（たとえば，銅島・田中，2013；佐藤・今城・戸ヶ崎・石川・佐藤・佐藤，2009），スポーツ領域への適用は一部を除いて見受けられない（例外として，小堀，2011）。スポーツ文脈における認知行動療法を整理することは，この分野の研究のさらなる発展と，スポーツ関係者への支援の充実化に貢献できるものと考えられる。

　以下では，我が国のスポーツ心理学領域ではあまり取り上げられてこなかった認知行動療法の特徴を，スポーツ文脈における認知理論と行動理論のそれぞれの立場から概説する。

認知行動療法の特徴

　認知行動療法（または認知行動理論）は，認知理論と行動理論という異なる２つの理論で構成されている（Benjamin, Puleo, Settipani, Brodman, Edmunds, Cummings, & Kendall, 2011；Hayes, 2004 a；下山，2013）。以下では，スポーツ文脈における認知理論と行動理論について言及する。

　スポーツ文脈における認知理論　認知理論は，環境に対する非機能的な認知が原因となり，それが行動や感情の問題を生じるとする情報処理理論に基づいている（Beck, 2005；熊野，2012）。認知理論の創始者であるとされる Ellis, A. や Beck, A. T. は，われわれの行動や感情の反応は，出来事に対する解釈の在り方によって変化するとした（Beck, 1964；Ellis, 1957；Hofmann, 2012 伊藤・堀越訳2012；下山，2013）。たとえば，うつ病の症状である抑うつ気分が賦活化したり，活動性が低下したりするなどは，物事に対するネガティブな考え方や，凝り固まった解釈などの認知に問題があるとした（Beck, 2005；Hofmann, 2012 伊藤・堀越訳2012）。また Clark（1986）は，パニック障害におけるパニッ

ク発作（panic attacks）の生起メカニズムに関する認知モデルを示した。たとえば，ある不安に伴う動悸を心臓発作と解釈してしまうと不安は急激に高まる。些細なできごとが引き金となって生じた不安に伴う身体的な変調を，実際にはそれほどでもないにも関わらず破局的に解釈すると，不安は一層高まり身体の不調は増悪する。Clark（1986）は，この悪循環が絶頂に達した時にパニック発作は生じるとした。すなわちパニック発作の生起および維持要因として，身体感覚への解釈が介在すると指摘した。

　認知理論をスポーツパフォーマンスの改善に適用したKobori（2007）は，大学生ボート選手のオールを持つときに生じる肘の不随意運動は，認知モデルに基づくと，身体感覚への選択的注意と否定的解釈による悪循環で生じると仮定し，リラクセーションや心理教育などの心理支援により緩和することを示した。このケース研究を参照すると，スポーツパフォーマンスにみられる問題の所存を以下の例のように認知に依拠することができる。たとえば，高ストレス環境のスポーツ競技場面で，指の震えを覚えた投手は，この震えを「暴投に繋がる危険なサイン」と解釈したとする（Figure 2-1）。するとその投手は，震えていないかを常に注視し，わずかな震えでさえも感知する可能性がある。感知された震えを否定的に解釈すると，緊張は今まで以上に高まり，意思に反して暴投する結果となる。

　認知理論では，アスリートの諸問題はその状況下では有効ではない認知の結果であり，状況に即応する柔軟な認知内容に変えていくことで問題は改善されると捉える。そのため認知理論は，気分や行動の問題の背景に，現実場面に即応しない認知を特定し，修正を加えることで問題の改善を図ることに

Figure 2-1．認知理論によるアスリートの問題の形成および維持。

38

特徴がある理論と言える。

スポーツ文脈における行動理論　行動理論は，主としてレスポンデント条件づけとオペラント条件づけの2つの学習理論から構成するとされる（Martin & Hrycaiko, 1983；杉山・島宗・佐藤・マロット・マロット，1998）。レスポンデント条件づけは，生理学者Pavlov, I. P. によって報告された現象で，「中性刺激が，無条件刺激と対提示されることで，無条件反応に似た条件反応を誘発し，条件刺激に変わる」ことと定義される（杉山他，1998）。

　スポーツ競技場面を想定したレスポンデント条件づけの例としては，ダブルアクセルジャンプの練習時の転倒を挙げることができる。ダブルアクセルジャンプの踏み切り前に何度もひどい転倒を経験したフィギュアスケート選手は，これ以降，ダブルアクセルジャンプのための踏み切りに近付くと恐怖反応を引き起こすことが考えられる（Martin, 2011）。条件づけ前には恐怖反応を引き起こすとは考えられない中性刺激（踏み切り前の動作）が，恐怖反応（無条件反応）を誘発するひどい転倒という無条件刺激と対提示された結果，転倒時に生じる恐怖反応に似た反応（条件反応）を誘発する条件刺激に変わったと考えられる。

　この知見を参照すれば，スポーツパフォーマンスにみられる問題の所在を以下の例のようにレスポンデント条件づけに依拠することができる。たとえば，人に危害を加えることは，誰もが恐怖に関連した生理的反応を引き起こす（Figure 2 - 2）。汗をかいた手で投球したボールが，たまたま打者を直撃して大けがを負わせた投手は，直後に体の震えや心拍数の増加などを経験する可能性がある。この出来事から数日経過しても，その投手はマウンドを見ただけで，あるいは身体の「ソワソワした」内部感覚によって震えを覚え，今までのような投球を行えなくなることもある。すなわち，本来震えという生理的反応に影響を及ぼさないマウンドや内部感覚（中性刺激）が，打者に大けがを負わせるストレス事態（無条件刺激）と対提示されることで，体の震えや心拍数の増加（無条件反応）に似た反応（条件反応）を誘発する刺激（条

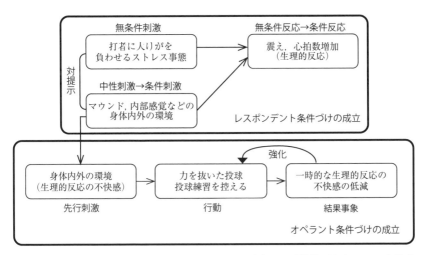

Figure 2-2. 行動理論によるアスリートの問題の形成および維持（山本，2010を参考に作成）。強化とは，随伴される結果事象によって行動（ここでは力を抜いた投球や投球練習を控える行動）の生起頻度が増加することを意味する。

件刺激）に変わることを意味する。

　一方，オペラント条件づけとは，「行動の直後に何らかのメリット（またはデメリット）が経験されることで，その行動の将来の生起頻度が増加（または減少）する」ことと定義される（杉山他，1998）。すなわちオペラント条件づけとは，特定の環境下における特定の行動はその行動の結果によって制御されるという学習原理である（杉山他，1998）。

　スポーツ競技場面を想定したオペラント条件づけの例としては，ゴルフのパッティングを挙げることができる。適切な強さでボールを打つことを前提に考えると，平らなグリーンでボールをまっすぐ打つとカップインするが，傾斜のあるグリーンでボールをまっすぐ打つとボールはカップから大きく外れるという経験を繰り返すと，これ以降，平らなグリーンという特定の環境下でのみボールをまっすぐ打つという行動が生起すると考えられる（Martin & Thomson, 2011）。ボールをまっすぐ打つ行動は，平らなグリーンでは強化

され，傾斜のあるグリーンでは消去されたと考えられる。

　この知見を参照すれば，スポーツパフォーマンスにみられる問題の所在を以下の例のようにオペラント条件づけに依拠することができる。レスポンデント条件づけで例示した先の投手は，マウンドからの震えを伴う投球が暴投となり，直後に強い苦痛を経験するかもしれない。苦痛を感じたその投手は，マウンドでは（特定の環境），力を抜いて投球することで（特定の行動：逃避），また身体の「ソワソワした」内部感覚を覚えた際には（特定の環境），投球練習を控えることで（特定の行動：回避），強い苦痛を減弱することを学習したとすれば（特定の結果）（Figure 2 - 2），この経験以降，これらの行動の生起頻度は増加すると考えられる。この例では，投手にとって不快な事象（苦痛）が消失することにより行動の生起頻度が増加する「負の強化」の原理が機能したと考えられる。

　行動理論に基づく心理療法（行動療法）をアスリートに適用した研究には高山（1978）がある。高山（1978）は，パニック障害を発症したテニス部所属の大学生に対して，行動療法により改善を示した症例を報告した（園田，1997）。まず自律訓練法により身体のリラクセーションを獲得した後に，イメージを用いて恐怖場面を想起させるイメージ脱感作を，不安を感じなくなるまで実施した。並行して現実場面での恐怖場面にも段階的に馴れさせ，本人が望む行動を実施できた際には賞賛した（園田，1997）。この症例は，習得したリラックス感覚の中で緊張を伴う恐怖場面を思い浮かべることで恐怖反応を減じ適応を図るレスポンデント条件づけが奏功し，加えて望ましい行動への賞賛で，それ以降の適応行動を増加させるオペラント条件づけが奏功したと考えられる。

　このように行動理論では，アスリートの諸問題は条件づけという学習の結果であり，新たな行動を学習することで問題は改善されると捉える。そのため行動理論は，気分や行動の問題の背景に，現実場面に不適応を起こしている学習の結果を特定し，改めて学習することで問題の改善を図ることに特徴

第2章　スポーツ文脈における認知行動療法　41

があると言える。

認知行動療法とセルフトーク

　スポーツパフォーマンス改善のための認知行動療法に基づくアプローチのなかでも，アスリートのセルフトークに焦点化した技法はセルフトーク技法[注2-2]と称され（Perkos, Theodorakis, & Chroni, 2002），PST の構成要素として重要視されている（Gardner & Moore, 2006；Hatzigeorgiadis, Zourbanos, Galanis, & Theodorakis, 2011；Tod, Hardy, & Oliver, 2011）。セルフトークとは，「自分が自身に向ける，内的に行うあるいは声に出して行う発話」であり（Hatzigeorgiadis, Theodorakis, & Zourbanos, 2004），セルフトーク技法は認知行動療法的アプローチに基づく技法と捉えることが可能である。

　セルフトーク技法は，スポーツ文脈では言及されることの少ない行動理論（第一世代）の観点から（Kendall, Hrycaiko, Martin, & Kendall, 1990；Ziegler, 1987），また Beck（1964）の認知モデルだけでなく，Ellis（1957）や Meichenbaum（1977）による認知理論（第二世代）の観点から（有冨・外山，2017；栗林・中村・佐藤，2018；Mace, Eastman, & Carroll, 1986；Turner, Slater, & Barker, 2014），あるいは機能的文脈主義（第三世代）の観点から（有冨・外山，2019），それぞれ説明する立場もある（Table 2-1）。認知行動療法の背景理

Table 2-1
認知行動療法の各世代の特徴とセルフトーク技法の背景理論

世代	特徴	セルフトーク技法の背景理論
第一世代	行動の変容により諸問題の改善を図る	レスポンデント条件づけ オペラント条件づけ
第二世代	認知の変容により諸問題の改善を図る	認知理論
第三世代	行動の及ぼす機能に着目して諸問題の改善を図る	マインドフルネスおよびアクセプタンス

論である認知行動理論に基づいてセルフトーク技法を捉えることは，スポーツ心理学と臨床心理学の分野においてそれぞれ蓄積された研究知見を統合して（Butler, Chapman, Forman, & Beck, 2006；Forman, Herbert, Moitra, Yeomans, & Geller, 2007；Schenk & Miltenberger, 2019），セルフトーク技法の作用機序を理解することに繋がる。

第2節　スポーツ文脈における第一世代の認知行動療法

　第一世代の認知行動療法（厳密には行動療法）は，行動を直接的な標的として，症状の除去に焦点を当てた科学的方法論に基づいており，1950年代頃から発展した（岡島，2013）。オペラント条件づけの原理に基づくSkinner, B. F. による行動分析学，およびレスポンデント条件づけを応用した逆制止の原理に基づくWolpe, J. による系統的脱感作に代表される（松見，1999；岡島，2013）。問題となる行動もそうでない行動も，いずれも条件づけによって形成されたものであり，学習経験を通して変容や再形成ができると考えられる。主に目に見える行動である顕在的行動を標的とする。

　スポーツ場面においては，1960年代後半以降から行動理論が応用されはじめるようになった（Martin & Tkachuk, 2000）。Rushall & Pettinger（1969）は，小中学生の競泳選手を対象に，異なる強化子（メリット）が練習量（遠泳距離）の増加に与える効果を検討した。また1970年初頭に，行動理論のスポーツへの応用実践を記載したRushall & Siedentop（1972）の書籍「The development and control of behavior in sport and physical education」が出版されたことで（Martin & Tkachuk, 2000），以降の研究の推進に大きな影響力を与えたと言われ（Ziegler, 1987），認知理論が隆盛を極めた1970年代以降も，目に見える行動である顕在的行動を中心にエビデンスが蓄積してきた（Martin, Thompson, & Regehr, 2004）。McKenzie & Rushall（1974）は，競泳選手を対象に，練習への出席回数を自ら図表へ書き込むセルフモニタリング

と，その図表を他の選手や関係者にも開示する公的フィードバック（public posting）を導入し，無断欠席，遅刻，早退を改善した。これはスポーツ場面に単一事例実験計画法を初めて適用した研究でもあった（Martin & Thomson, 2011）。これ以降，現在に至るまで，スポーツ技術の習得（Anderson & Kirkpatrick, 2002；Hume & Crossman, 1992；Scott, Scott, & Goldwater, 1997；Shapiro & Shapiro, 1985），練習スキルの競技場面への般化（Hazen, Johnstone, Martin, & Srikameswaran, 1990；Koop & Martin, 1983），練習場面における行動問題の低減の試み（Hume, Matin, Gonzalez, Cracklen, & Genthon, 1985）など，オペラント条件づけの視点から実践的な方法が記載されるようになった。特にスポーツ技術の習得に関する研究は，行動的コーチング（behavioral coaching）として知られている（Allison & Ayllon, 1980）。

行動的コーチングの概要

　行動的コーチングはスポーツパフォーマンスの改善に寄与する第一世代の認知行動療法である。行動的コーチングは，行動分析学の原理に基づく運動行動の改善と維持に貢献する効果の実証された指導手続きであり（Martin & Hrycaiko, 1983），人格否定を伴う指導とは一線を画している。諸外国を中心に行動的コーチングの効果が実証されてきている（Martin et al., 2004）。これまでに，アメリカンフットボール（Allison & Ayllon, 1980；Smith & Ward, 2006；Stokes, Luiselli, Reed, & Fleming, 2010），バスケットボール（Kladopoulos & McComas, 2001），テニス（Allison & Ayllon, 1980），サッカー（Brobst & Ward, 2002），武道（Harding, Wacker, Berg, Rick, & Lee, 2004），陸上競技（Scott et al., 1997；Shapiro & Shapiro, 1985），インラインスケート（Anderson & Kirkpatrick, 2002），体操（Allison & Ayllon, 1980；Boyer, Miltenberger, Batsche, & Fogel, 2009；Wolko, Hrycaiko, & Martin, 1993），水泳（Koop & Martin, 1983），フィギュアスケート（Hume et al., 1985）など，広範な競技種目において，選手と指導者のニーズに貢献してきている。

諸外国と比較して，我が国における行動的コーチング研究は散見される程度である。我が国では，1980年代に杉山（1987，1988）によるこの分野の解説が発表されて以降，今日に至る約30年間で出版された論文数は限られており（たとえば，安生・山本, 1991；島宗・南・岩島, 1997；中村・松見, 2009；根木・島宗, 2009；沖中・嶋崎, 2010；栗林・中津・佐藤, 2017），諸外国との論文数の差は未だ埋められていない現状にあると言える（Martin et al., 2004；Schenk & Miltenberger, 2019）。

　行動的コーチングは，パフォーマンス向上やオフタスク行動（たとえば長時間のおしゃべりのように本来従事すべき活動以外の行動）の低減といった，行動変容技法の提供のみを指すものとして理解されやすいが，実際にはより幅広いプロセスを含む。すなわち，①行動上の問題の維持・悪化要因を捉えた上で，②介入技法を提供し，③介入効果の検証を行う，という一連の手順を踏む。

　以下では，行動理論を背景としたコンサルテーション（Bergan & Kratochwill, 1990；加藤・大石, 2004；大石, 2016；Sheridan & Colton, 1994；Wilkinson, 2007）の推進手順の枠組みを援用したスポーツ領域でのアセスメント（Tkachuk, Leslie-Toogood, & Martin, 2003）の知見に基づいて，関連する研究知見を交えながら，行動的コーチングの推進手順について概説する。

行動的コーチングの推進手順

　行動理論に基づく問題解決志向の行動コンサルテーションは，4段階の介入モデル（Bergan & Kratochwill, 1990）に基づいて実施される（Galloway & Sheridan, 1994；Sheridan, 1992；Sheridan & Colton, 1994；Weiner, Sheridan, & Jenson, 1998）。すなわち，①問題同定（problem identification），②問題分析（problem analysis），③介入実施（treatment implementation），④介入評価（treatment evaluation）の各段階である（Bergan & Kratochwill, 1990；Sheridan, 1992）。

問題同定（problem identification） 問題同定の段階では、まず幅広く情報を収集し、最初にターゲットとする変容を期待する行動（標的行動）を案出する（Tkachuk et al., 2003）。この方法として、選手が自分自身の標的行動を明確化するための面接を行い[注2-3]、競技に関連する尺度（たとえばSmith, Schutz, Smoll, & Ptacek, 1995）や選手の行動特徴が記されたチェックリスト（たとえばMartin & Toogood, 1997）を実施する。次に、案出された標的行動を観察でき測定できるように行動を定義する。一連のパフォーマンスは各構成要素に分類して定義する課題分析を用いることもある（栗林他, 2017）。最後に、標的行動の観察方法を検討する。たとえば顕在的行動には直接観察があり、セルフトークなどのような内潜的行動には自己報告（自己モニタリング）がある。またビデオ録画して標的行動をモニター観察する方法（Boyer et al., 2009）もある。

問題分析（problem analysis） 問題分析の段階では、機能的アセスメント（functional analysis）を行う（Tkachuk et al., 2003）。機能的アセスメントは、標的行動が生起し維持するメカニズムを環境要因から検討するための情報収集方法であり、以下の3点から構成される（Tkachuk et al., 2003）。

第1に、関係者へのインタビューによる情報収集である。関係者との情報共有により標的行動の生起と維持に関与する環境要因の仮説を立てる。第2に、行動を直接観察し、行動生起の直前の事象（先行刺激）と直後に生じる事象（結果事象）を検討する行動分析を行う。先行刺激を検討する際には、練習や競技に加えて日常生活などの様々な場面を考慮する必要がある。たとえば「空腹時は満腹時よりもコーチの指示に反抗的行動をとりやすい」などが考えられる。欠食の有無のように、標的行動の生起確率を左右するセッティング事象（setting events）が関与している可能性がある（Sheridan & Colton, 1994）。結果事象を検討する際には、行動の機能を重視する（Stokes & Luiselli, 2010）。同一の行動（形態）であっても行動の目的（機能）は異なるためである。たとえば「反抗的行動」は、その行動によって仲間の注目を得る、

コーチの長く続く指導から逃避する，など異なる機能が想定される。行動上の問題の機能を特定した上で，同一の機能を有する社会的に認められる代替行動を形成する，あるいは望ましい行動を形成することを検討していく（競合行動バイパスモデル）（平澤，2019）。第3に，行動の直前と直後に生じる事象を実際に操作して，標的行動の生起と維持のメカニズムを検討する実験的機能分析（experimental functional analysis）を行う。一連の機能的アセスメントを通じて標的行動の制御要因を特定した後に介入計画を立案する。

介入実施（treatment implementation） 介入実施の段階では，標的行動の変容を期待しやすく，選手が受け入れやすい介入技法を選択する。介入技法群は，先行刺激への介入，行動への直接介入，結果事象への介入がある（Tkachuk et al., 2003）（Table 2 - 2）。効果の実証された技法であっても，手続きの不備で効果にばらつきを生じる可能性がある。そこで手続きがどの程度厳密に実施されているか，すなわち介入整合性（treatment integrity またはprocedural reliability）を高める必要がある（Wilkinson, 2007）。介入整合性を高める工夫としては，介入中に直接的な支援者と面接をもち，適切な介入手続きには賞賛し，不適切な場合には適切な手続きを伝えて修正を促すパフォーマンスフィードバックという支援がある（Wilkinson, 2007）。また高い介入整合性であっても効果の期待できない場合には新たな介入計画を検討する（Hazen et al., 1990）。

以下では，諸外国を中心に実際のスポーツパフォーマンスを改善した代表的な技法である，教示，目標設定，フリーズテクニック，ビデオフィードバック，強化，シェイピング，イメージ，セルフマネジメントを用いた介入研究を概観する。

1）教示 スポーツパフォーマンスの改善に対して，主に教示を用いた介入研究としてはKoop & Martin（1983）がある。Koop & Martin（1983）は，水泳選手を対象に，教示による介入が様々な泳法に見られる不正確なストロークの低減に及ぼす効果を検討した。介入では，正確なフォームと説明を

第 2 章　スポーツ文脈における認知行動療法　47

Table 2-2
スポーツ領域で用いられる行動変容技法[注1]

先行刺激	行動	結果事象
環境的プロンプト	シェイピング	正の強化
身体的誘導	チェイニング	・行動改善の公示
モデリング	代替行動	・具体物
教示／ルール	リラクセーション	・賞賛
自己教示／ルール	覚醒技法	・内潜的強化子
誇張した教示		・活動
フェイディング		・トークン
目標設定		自己モニタリング
レスポンデント条件づけ		フィードバック
レスポンデント消去		強化スケジュール
拮抗条件づけ		他行動分化強化
内潜的感作		低反応率分化強化
系統的脱感作		非両立行動分化強化
		行動の罠
		回避条件づけ
		否定的結果の除去（逃避）
		オペラント消去
		罰（弱化）[注2]
		・身体的
		・叱責
		・タイムアウト
		・反応コスト

注 1 ）Tkachuk et al.（2003）を参考に作成した。
注 2 ）罰（弱化）は「体罰」としてではなく将来の行動頻度が低減することを意味する。

載せたチェックリストが準備され，それに基づいた詳細な情報が提供された。
その結果，不正確なストロークは低減することが示唆された。

　　2 ）**目標設定**　目標設定の介入効果を検証した研究には，Brobst & Ward
（2002），Smith & Ward（2006）およびWolko et al.（1993）がある。行動理論
から捉える目標設定は，「行動」を基軸として，行動に先行する「先行刺激」
と，行動に随伴する「結果事象」という関係性を言語的に記述（タクト）し
たルールとして捉えられている（Martin, 2011）。Brobst & Ward（2002）およ
びSmith & Ward（2006）は，それぞれ女子サッカー選手およびフットボー

ル選手を対象に，各技術の改善に及ぼす目標設定と公的フィードバックを組み合わせた介入の効果を検討した。Wolko et al.（1993）は，体操競技選手を対象に，セルフマネジメントを含む目標設定による介入が，練習回数の増加に与える効果を検討した。それぞれの介入研究では，アウトカムの肯定的な増加が示唆された。

3）フリーズテクニック　フリーズテクニックは，以下の手続きを踏む。すなわち，アスリートは改善を望む標的行動を実行する。続いて，指導者は不正確だと判断した場合は止まる（フリーズする）ように伝える。その後，指導者は，アスリートに対して標的行動を正確に行うために教示し，あるいは正確な標的行動を遂行するためのモデルを提示する。アスリートは再度標的行動を実行し，指導者は言語によるフィードバックを与えるといった一連の手続きである。フリーズテクニックを含む介入効果を検証した研究は，フットボール，体操，テニス（Allison & Ayllon, 1980），サッカー（Rush & Ayllon, 1984），陸上競技短距離（Shapiro & Shapiro, 1985）といった広範な競技種目に適用され，それぞれ標的行動の改善が示唆された。またRush & Ayllon（1984）の研究では，指導者を同年代のアスリートとし，ピアとしてのコーチングが提供されたところに特徴がみられた。

4）ビデオフィードバック　Stokes et al.（2010）は，アメリカンフットボール選手を対象に，パスブロッキング技術の改善に与えるビデオフィードバックの効果を検討した。Hazen et al.（1990）およびBoyer et al.（2009）は，それぞれ水泳選手および体操選手を対象に，各技術の改善に及ぼすビデオモデリングとビデオフィードバックの組み合わせ効果を検討した。Hazen et al.（1990）は，スイミングクラブ所属の水泳選手を対象に，ストロークの改善に及ぼすビデオフィードバックの効果を集団介入と個別介入とで比較検討した。

5）強化　主に強化を用いて介入効果を検証した論文も見られた。Hume & Crossman（1992）は，水泳選手を対象に，選手が好む音楽による強化が，

練習に関係のある行動の増加と，練習に関係のない行動の低減に及ぼす効果を検討した。Anderson & Kirkpatrick（2002）は，インラインローラースケート選手を対象に，正確なスキルの実行後の言語賞賛による強化が，リレータッチ技術の向上に及ぼす効果を検討した。Harding et al.（2004）は，拳法を習う大学生を対象に，ドリル練習のテクニック数の増加に与える言語賞賛による強化と消去の効果を検討した。

　6）シェイピング　Scott et al.（1997）は，シェイピングを用いて，国際レベルの棒高跳び選手の記録を向上させた。シェイピングとは，標的行動の強化と，標的行動遂行後に強化子を提示しない消去に伴う標的行動の頻度と強度の一時的増加としてのバーストを組み合わせて，行動を段階的に形成する技法である。Scott et al.（1997）は，棒高跳び選手のポール（棒）を突き離す前の腕の高さに着目し，腕の高さが一定の基準値を超えるとブザー音が鳴る光センサーを設定した。強化と消去を繰り返し，腕をより伸ばす棒高跳びのフォームを段階的に形成し，光センサーは最終的に2m52cmまで上昇した。これに伴って，棒高跳びの記録は5m15cmから5m37cmにまで向上した。

　7）イメージ　イメージによりスポーツパフォーマンスの改善を図る研究も見られる。Bell, Skinner, & Fisher（2009）は，イップスを抱えるゴルフ愛好家を対象に，問題解決志向に基づくイメージ（solution-focused guided imagery）の介入効果を検討した。Kendall et al.（1990）は，女子バスケットボール選手を対象に，イメージリハーサルによる介入が，試合中のディフェンス技術の向上に及ぼす効果を検討した。イメージを浮かびやすくするために，イメージの先行条件としてセルフトークが用いられた。

　8）セルフマネジメント　セルフマネジメントによる介入研究も見られた。Hume et al.（1985）は，フィギュアスケート選手自身が練習回数を記録するセルフマネジメントによる介入が，練習回数の増加や練習に関係のない行動の低減に及ぼす効果を検討した。

介入評価（treatment evaluation）　実施された介入に効果があるかどうか
を明らかにするためには，適切な研究デザインに基づいて介入評価を行う必
要がある。単一事例実験計画法の研究デザインには，ベースライン期と介入
期から構成されるABデザイン，ベースライン期と介入期を交互に繰り返す
ABABデザイン（Allison & Ayllon, 1980；Hume & Crossman, 1992），時期をずら
して介入する多層ベースラインデザイン（Bell et al., 2009；Shapiro & Shapiro,
1985），介入が進むにつれて介入基準を変更する基準変更デザイン（Scott et
al., 1997；Scott, Scott, & Howe, 1998），介入技法を順次入れ替える操作交代デザ
イン（Wolko et al., 1993）などがある。

　次に，介入効果を評価するためにベースラインデータと介入データとを比
較する（Sheridan & Colton, 1994）。この評価は，伝統的に視覚的分析（visual
inspection）により行われるため（Barker, McCarthy, Jones, & Moran, 2011），
以下の3条件を満たす必要がある（Hrycaiko & Martin, 1996；Martin & Pear,
2010）。第1に，標的行動の測定においては，2名以上の独立した観察者に
よる記録間の一致度（観察者間一致率）が好ましい基準（80%以上）を満たし（杉
山他，1998），介入整合性が確認されていることが望ましい（Martin, Vause, &
Schwartzman, 2005）。第2に，得られたデータのプロットの形状が，①ベー
スラインデータが安定している，または介入で期待される方向と反対方向に
推移している，②介入データは介入で期待される方向に得られる回数が多
い，③ベースライン期と介入期とで重なり合うデータ数が少ない，④介入後
すぐに効果が表れるといった点が満たされる必要がある。第3に，得られた
結果が理論的に説明可能であることが求められる。なお，近年は視覚的分析
に加えて統計的検定が用いられ始めている（栗林他，2017）。

　最後に，社会的妥当性の測定を行う（Tkachuk et al., 2003）。社会的妥当性
は，提供した介入手続きや結果に対する評価であり（Kendall et al., 1990），介
入評価を補完する。たとえば，従属変数の上昇率がわずかであっても，その
従属変数が一定以上の競技レベルにおいて改善することが難しいものであれ

ば，一流選手にとっては意義があるかもしれない（Hrycaiko & Martin, 1996）。

第一世代の認知行動療法とセルフトーク

　行動理論において，セルフトークは「思考する」行動（言語行動）であり，他者から容易に観察できない私的な活動（内潜的行動）である。内潜的行動であるセルフトークは，観察可能な非言語的な活動（顕在的行動）と同様に，行動という枠組みから捉えられ，レスポンデント条件づけおよびオペラント条件づけから理解可能である（Martin, 2011）。またレスポンデント条件づけおよびオペラント条件づけの2つの理論的な枠組みを基盤としてセルフトークを捉えたMartin & Thomson（2011）によれば，セルフトークは4つの機能に集約されるという。関連文献を参照すると（Martin, 2011；Martin & Tkachuk, 2000），すなわちセルフトークには，①適応的な気分（感情）を作り出す，②自己をマネジメントする，③注意を転換する，④技術の習得を促進するための機能がそれぞれあることが理解できる。以下では，レスポンデント条件づけおよびオペラント条件づけの観点からセルフトークを概観し，Martin, G. L. によるセルフトークの分類に基づき（Martin, 2011；Martin & Thomson, 2011；Martin & Tkachuk, 2000），付加的な情報を加えながらセルフトークの機能を整理する。

レスポンデント条件づけとセルフトーク

　レスポンデント条件づけにおいて，行動は「刺激―反応」という関係性から理解される（小野，2005）。思考することは，顕在的行動と同様に，レスポンデント条件づけから理解可能である（Ramnerö & Törneke, 2008 武藤・米山監訳 2009）。たとえば「10月10日」と聞いて，スポーツを思い浮かべる，目について考える，親類の喜ぶ顔を連想するなど，人それぞれ思考する対象は異なるものの，何らかの思考を巡らせる人は少なくない。一方で全く考えが浮かばない人もいるだろう。このように思考する（内言する）ことは，過去の

学習履歴に基づいて，条件刺激（この例では「10月10日」）から引き起こされる条件反応となりうる（Ramnerö & Törneke, 2008 武藤・米山監訳 2009）。

オペラント条件づけとセルフトーク

オペラント条件づけにおいて，言語行動は，顕在的行動と同様に，行動の直前と直後の環境変化の影響を受けることから，「先行刺激—行動—結果事象」という三項随伴性から理解される（小野，2005）。一例として「ボール」という言葉には，「ボールをパスしてほしい」という要求や命令を意味する言語行動（マンド），現象としてそこに存在する「丸い球」を報告し記述することを意味する言語行動（タクト），「サッカーの必須アイテムは…」という質問への返答を意味する言語行動（イントラバーバル），母親の発する「ボール」に呼応して子どもが発する「ボール」のようにオウム返しを意味する言語行動（エコーイック），「ボール」と書いてある文字を見て「ボール」という音声を出す言語行動（テクスチュアル），「ボールだと思います」の「だと思います」のように付け加えられる言語行動（オートクリティック），という異なる機能がある（小野，2005；杉山他，1998）。すなわち「ボール」という言葉の形態は同一でも，発せられる文脈に応じてその意味は異なる。

Martinによるセルフトーク機能の分類

Martin, G. L. はアスリートの用いるセルフトークを以下4つの機能に集約している（Martin & Thomson, 2011）。

適応的な気分（感情）を作り出す　セルフトークは，競技に適応的な気分（感情）を誘発する条件刺激として機能する。Rogerson & Hrycaiko（2002）は，「冷静に」というセルフトーク技法をリラクセーション時に使用し，アイスホッケー選手の緊張緩和を図り，パフォーマンスを向上させた。この研究でのセルフトーク技法はリラクセーション反応と条件づけられたと捉えることができる。この知見を参照すれば，次のことが考えられる。たとえば，

陸上競技の投てき選手の「ハッ」と強く発する言葉には気分を高揚させる，また射撃選手の「落ち着け」というスローテンポの内言には気分を安定させるという働きをもたせることができる。セルフトークが競技特性に適応的な気分を誘発する条件刺激として機能するためには，高揚した気分に「ハッ」というセルフトークを先行させ，安定した気分に「落ち着け」というセルフトークを先行させる必要がある。このようにレスポンデント条件づけにより獲得されたセルフトークは，競技に適応的な気分を作り出す。しかし高ストレス環境下でのセルフトークの使用には注意が必要である。リラックスを伴わずに繰り返し「落ち着け」と内言すると，そのセルフトークは身体のリラックスを得られなくなるばかりか（レスポンデント消去），「落ち着け」という言葉が緊張反応（条件反応）を誘発する条件刺激として，新たな機能を獲得する可能性がある（高次条件づけ）。

　自己をマネジメントする　セルフトークは，好ましい行動の生起頻度を高める条件性強化子，または改善を望む行動の生起頻度を低減させる条件性弱化子として機能する。条件性強化子は1次性強化子（たとえば空気，食料，水）などとの対提示により1次性強化子と同様の強化機能をもつようになったレスポンデント条件づけによるものであり（LeUnes, 2008），たとえば称賛や累積ポイントによる商品との引換券（トークン）が該当する。スポーツ領域で使用されたトークンシステムの有効性は，バスケットボールの得点を高めるための介入に基づいて報告されている（Donahue, Gillis, & King, 1980）。トークンシステムの効果は，3つの条件下で検証された。すなわち第1条件はチームが20点を獲得するごとにチームメンバーには食べ物や賞品と交換可能な「オリンピックリング」が与えられる。第2条件は第1条件と同じシステムだがリングは与えられない。第3条件はこのシステムを導入しない標準的なゲーム得点を採用する。この結果，得点は「オリンピックリング」による強化随伴性のある条件下で最も高くなった。これらを参照すれば，次のことが考えられる。たとえば，サッカーのプレースキックの反復練習で，偶然にも

納得のいくプレーができた際に,「自分ならできる」と内言したとする。その後の反復練習で,このセルフトークと,納得のいくプレーを遂行できた快感情との関係性が学習されると,「自分ならできる」というセルフトークは,レスポンデント条件づけの観点からは快感情を誘発する条件刺激,オペラント条件づけの観点からは納得のいくプレーを強化する条件性強化子となり得る。また,勢いのある打球への捕球動作を反復練習しているアスリートが,遅れたタイミングで捕球したためにエラーした際に,「ダメだ」と内言したとする。その後の反復練習で,このセルフトークと,タイミングの遅れた捕球動作による不快感情の関係性が学習されると,「ダメだ」というセルフトークは,レスポンデント条件づけの観点からは不快感情を誘発する条件刺激,オペラント条件づけの観点からはタイミングの遅れた捕球動作を弱化する条件性弱化子となり得る。日誌はパフォーマンスとの関係から心身の状態を理解するために利用される側面がある(蓑内,2016)。条件性強化子の観点から日誌を捉えると,自分自身にとって重要な大会の直後に生じた言葉を記した日誌は,その大会で勝利した,あるいは敗退した際の感情と類似の感情を誘発し,行動の生起頻度を制御する機能を有すると考えられる。条件性強化子あるいは条件性弱化子として機能するセルフトークを使用することは,たとえ他者から称賛されず,修正を促すコーチングがなされなくとも,アスリートが自身の行動をマネジメントすることを可能にする。

　注意を転換する　セルフトークは,オペラント条件づけの観点から,特定の刺激に「注意を向ける行動」の生起頻度を高める先行刺激として機能する。Ziegler(1987)は,ボールの軌道への注意行動を促進させるために,ボールが機械から出てくる,コートに接地する,ラケットに接するというそれぞれの局面に応じて,参加者に「ボール」,「バウンド」,「ヒット」と述べさせ,テニスのストローク技術を向上させた。この知見を参照すれば,次のことが考えられる。アスリートは多種多様の刺激のある環境下で競技する。たとえば投手は,外的刺激(天候,出塁状況,アウトカウント,観客の声援,野次など)

および内的刺激（筋緊張，発汗，思考，イメージなど）に曝されて投球動作を生起させる。投手が観客の野次に注意を向け，アウトカウントに応じた連携を考慮せず，筋緊張状態で投球したとすれば，連携不足による失点や暴投の可能性は高まる。投球前に投手の「アウト，出塁，投球」という独自のセルフトークは，アウトカウントと出塁状況に応じた投球後の連携を思考する先行刺激，遂行すべき一連の投球動作（課題分析）を行うための先行刺激になる可能性がある。

技術の習得を促進する　セルフトークは，オペラント条件づけの観点から，特定部位の動作を生起させる先行刺激として機能し，技術習得を促進する。Theodorakis, Weinberg, Natsis, Douma, & Kazakas（2000）はサッカーのパススキルテストに及ぼすセルフトーク技法の効果を検討した結果，「標的を見る」という教示的な言葉を発するよう求められた群のパススキルテスト得点は，「私はできる」という動機的な言葉を発するよう求められた群よりも高いことが示唆された。教示的なセルフトーク技法の作用機序は，いくつかの理論から考察できるとした上で，教示的なセルフトーク技法は適切な行動の生起頻度を高めるルールとして機能した可能性が指摘された（Theodorakis et al., 2000）。この知見を参照すれば，次のことが考えられる。たとえば「おしりを上げて泳ぐと背泳ぎはうまくいく」という教示を受けた水泳初心者が，「おしり」と内言した後，臀部を高く上げ可能な限り平らに泳ぐ行動を生起させたとしたら，直接的な経験のない行動が随伴性を記述したタクト（ルール）に基づいて形成されたことになる（ルール支配行動）。技術の習得を促進するこのセルフトークは，キーワード（key words）と呼ばれ（Martin, 2011），効果的に機能させる 2 つの重点がある。第 1 に，肯定文を用いる。たとえば「膝を曲げてキックをするな」という否定文を含むセルフトークは，具体的な行動を生起させ難い。第 2 に，2 つ程度の言葉を用いる。「膝を伸ばしてキックし，おしりを上げて浮かび，肘を伸ばしてストロークし，水が鼻に入らないように鼻から息を吐いて呼吸する」などのキー

ワードは，背泳ぎに必要なパフォーマンスの協調性を損なう。先行刺激は
キュー（またはプロンプト）と呼ばれる（Martin, 2011）。我が国で紹介されて
いるキューワード法（石井，2001）は，ある特定の行動を生起させる先行刺
激を活用した技法と考えられる。

　以上のように行動理論から捉えるセルフトークは，主としてアスリートの
顕在的行動の問題を解決する条件刺激や先行刺激あるいは結果事象であると
考えられる。そのためアスリートの諸問題は，行動の生起と維持を促進する
セルフトークを学習することで改善されると捉えられる。

第一世代の認知行動療法とアスリートの抑うつ症状

　第一世代の認知行動療法に分類される行動活性化療法を用いてアスリート
の抑うつ症状を改善した介入研究を紹介する。ただし，近年の行動活性化療
法は，第二世代の認知行動療法における認知の変容が取り入れられ，あるい
は第三世代の認知行動療法に分類されるアクセプタンス＆コミットメント・
セラピー（Acceptance and Commitment Therapy）（以下，ACTとする）（Hayes
& Wilson, 1994）における価値に着目するなど，厳密な第一世代に限定されて
はいない（岡島・国里・中島・高垣，2011）。

　行動活性化療法では，行動や環境を調整することで行動や活動の強化子を
得られる機会を増強し，そのことで抑うつ症状を改善できると捉えている。
たとえば，社会的な交流を回避して自宅にいることは，反すうを促進するこ
とや社会的な交流によって得られるはずの強化子を得られないことが考えら
れ，この結果として抑うつ症状は一層増悪するという悪循環に陥ることが
示唆されている（Lundqvist, 2020）。

　行動活性化療法は，①適応的な活動（喜びや達成感を得られる経験に関連した
活動）への関与を高める，②うつ状態を維持し，うつ病のリスクを高める活
動への関与を減らす，③報酬へのアクセスを制限する問題を解決すること，
あるいは，嫌悪的な制御を維持または増加する問題を解決することを目的と

する構造化された短期の心理療法的なアプローチである（Dimidjian, Barrera, Martell, Munoz, & Lewinsohn, 2011）。セラピストは，活動や気分のセルフモニタリング，活動のスケジュール化，問題解決，社会的スキル訓練などの顕在的な行動だけでなく，思考などの内潜的な行動（認知的活動）を介入の標的としている（Dimidjian et al., 2011）。近年，行動活性療法は，初期の行動活性化療法では重視されてこなかった第三世代の認知行動療法に分類されるACTにおける価値を重視するようになり，行動活性化療法は価値を取り入れて行われるようになってきている（首藤・亀井・唐渡，2018）。

　Lundqvist（2020）は，競技引退後にうつ病を発症した元オリンピック選手に対する行動活性化療法の改善症例を報告している。セッションは週1回，合計4回実施され，1ヵ月後に再発防止を目的としたブースターセッションが行われた。第1回目セッションでは，臨床面接，自己評価尺度への回答，心理教育が行われ，またホームワークが設定された。自己評価尺度には，抑うつ症状を把握するMontgomery Asberg depression rating scale（MADRS-S），不安を把握するGeneralized anxiety disorder-7 assessment（GAD-7），生活の質を把握するBrunnsviken brief quality of life scale（BBQ）が用いられた。その結果，元オリンピック選手は，中程度の抑うつ症状（MADRS-S=21），重度の不安（GAD-7 =17），比較的低い生活の質としてのQOL（BBQ=44）を示していた。

　第2回目セッションでは，各指標は抑うつ症状（MADRS-S=14）および不安（GAD-7 =12）ともに低下したものの，QOL（BBQ=32）もまた低下していた。行動分析により，多くの活動が嫌悪的な感情と関連していることが明らかとなった。また不安を感じる際には，回避行動としての過剰行動を行い，反すうが認められた。一方で，喜びを見出すことのできる活動は相対的に減じている可能性が示唆された。そこで，行動の機能に着目し，行動に内在する強化子の獲得を目指す心理療法であるACTに基づき，価値に沿う行動が設定された。また今後1週間で取り組むことのできる社会的強化子を得られ

る活動を計画した。

　第 3 回目セッションでは，抑うつ症状（MADRS-S= 2 ）および不安（GAD-7 = 7 ）は，臨床上問題となる基準点を下回り，QOL（BBQ=60）は改善が認められた。元オリンピック選手のパートナーに対して心理教育を行い，ソーシャル・サポートの増強を図った。第 4 回目セッションでは，元オリンピック選手に見られた笑顔やリラックスしている表情を裏付けるように，各指標の改善が認められた（MADRS-S= 6 ；GAD - 7 = 6 ；BBQ=68）。ここで抑うつ症状の改善が認められた行動を書き留めるよう促した。第 4 回目セッションから 1 ヵ月後に設定されたブースターセッション（MADRS-S= 5 ；GAD - 7 = 5 ；BBQ=84），および 1 年後のフォローアップ（MADRS-S= 0 ；GAD - 7 = 0 ；BBQ=96）においても，臨床上で問題となる水準にはないことが確認された。

第 3 節　スポーツ文脈における第二世代の認知行動療法

　第一世代の認知行動療法では，顕在的行動をメインに扱ってきたが，個人の内面で生じる考え方（認知）や感情もまた行動（内潜的行動）として理論的説明の対象とされてきた。しかし認知を直接的な標的として臨床実践が行われる重要性が認識されながらも，内潜的行動は扱いやすいものではなかった（熊野，2012）。第二世代の認知行動療法は，認知の重要性が認識されてきた時代背景のもと，認知理論が登場した 1970年代から隆盛を極めた（熊野，2012；岡島，2013）。認知理論では，問題事象には個人の解釈が介在しているため，現実的に機能しない認知の修正を行うことで，感情や行動の改善を促進する。第二世代の認知行動療法は，認知理論の技法と行動理論の技法とが相互補完的に組み入れられて推進されてきた（熊野，2012）。

　スポーツ場面においては，様々ある認知的変数のうち，Bandura（1977）や Meichenbaum（1977）の認知行動モデルを学問基盤として研究が推進されてきている（Martin & Hrycaiko, 1983）。臨床心理学者である Suinn（1972）

は，リラクセーション，イメージ技法および行動リハーサルを用いてスキー
技術の改善を図った。さらにリラクセーションで身体的安寧を得た後，緊張
状態にあった競技会の光景をイメージして慣れさせて，段階的に高次の緊張
状態にあったイメージに触れることで過度な緊張のマネジメントを行い，パ
フォーマンスの向上を促進している（Suinn, 1986 園田訳 1995）。また否定的な
思考への対処方法として，それらを肯定的または中立的な思考に置き換える
こと，否定的な思考が繰り返される際には「ストップ」と言い聞かせて思考
を停止させること，否定的な思考を頭に浮かぶままにしていることを勧めて
いる（Suinn, 1986 園田訳 1995）。このように臨床心理学の分野で用いられてい
た系統的脱感作の原理や，本人にとって耐え難く，混乱を招く不適切な思
考を中断させる方法として，行動療法家のWolpe, J. が開発した思考中断法
（thought-stopping）（Martin, 2011）が，スポーツパフォーマンスの向上に応用
されはじめるようになった。Suinn, R. M. の介入技法は，以後，認知理論に
基づく臨床心理学的アプローチに類するようになっていった（Whelan et al.,
1991）。

　選手の否定的な思考を標的としてパフォーマンスの向上を図る研究だけで
なく，認知への介入によって，適正な感情を保持することでパフォーマンス
の向上を図る研究も推進されてきた。このアプローチの特徴は，否定的な感
情を生みだす自己陳述（self-statement）を肯定的あるいは中立的な言葉に置
き換えることで，選手の感情状態を適正に方向づける研究や，過去の成功体
験のイメージを想起することによって肯定感情を引き出したり，あるいは否
定感情を取り除いたりする研究に集約できる（Jones, 2003）。

　認知理論の台頭により選手の内的な要因を操作できるようになってから
は，否定的な思考や感情をパフォーマンスの阻害要因として捉え，適切な
状態へと積極的に変容を促進することで，競技力の向上を意図する研究が
盛んに行われるようになった。この時代背景のもと，目標設定（McCarthy,
Jones, Harwood, & Davenport, 2010；Mellalieu, Hanton, & O'Brien, 2006），イメー

ジ（またはメンタルプラクティスあるいはメンタルリハーサル）（Woolfolk, Parrish, & Murphy, 1985），適切な情動を保つための覚醒制御（arousal control）（Murphy & Woolfolk, 1987），セルフトーク（Araki, Mintah, Mack, Huddleston, Larson, & Jacobs, 2006；Hamilton & Fremouw, 1985；Hatzigeorgiadisa, Galanisa, Zourbanosa, & Theodorakisa, 2014）といった心理スキルの有効性が検討されるようになった。セルフトーク（認知）の再構成に関しては，Ellis, A. の ABC 理論を背景とする研究（Dewitt, 1980），Beck, A. T. の認知理論から発展した Meichenbaum, D. H. のストレス免疫訓練における認知再構成法を応用した研究（Mace et al., 1986）がある。

　このように臨床心理学分野で認知を直接的な対象として扱えるようになってからは，感情やイメージなどへの対応を得意とする認知理論に基づいた介入と，具体的な行動変化を得意とする行動理論に基づいた介入が並行して推進されてきた。

第二世代の認知行動療法とセルフトーク

　Ellisの認知モデル　Ellis（1957）の開発した論理情動行動療法の視点では，状況に対する不合理な信念がアスリートの様々な問題を生じさせると捉え，不合理な信念の再体制化によって問題を解決できると考える（Wood, Barker, & Turner, 2017）。具体的には，①ある状況で表出される非機能的な行動（たとえば回避や逃避）や感情（たとえば抑うつ）を引き起こしている不合理な信念を同定し，②この信念を「正しいか否か」「合理的か否か」「役に立つか否か」といった観点から論駁し，③論駁によって不合理な信念を合理的な信念にすることで，適応的な行動（たとえば問題解決志向の行動）や健全なレベルの感情（たとえば過剰ではない悲しみ）にしていく（Wood et al., 2017）。

　一例として，アーチェリー選手が「強い選手のいない大会」で強い不安を感じていたとする（Wood et al., 2017）。論理情動行動療法ではまず状況と感情とを介在する不合理な信念の同定を行う。「絶対に優勝しなければならない」

第2章　スポーツ文脈における認知行動療法　　61

と考えることが強い不安を引き起こしている可能性が示されたとしたら，この信念の合理性を検証する。専門家はこのアスリートに対して「あなたがそうしようと考えることはどれくらい役立ちますか」「そうしなければならない根拠は何ですか」などと問いかけることを通じて，その信念が強い不安に繋がる不合理な側面のあることを検証する（論駁）。この論駁の過程から「強い選手のいない大会なので本当に優勝したい。しかし優勝しなければ人生が終わるというわけではない」という信念が導き出されることで，強い不安は低減されるかもしれない。論理情動行動療法は，近年スポーツパフォーマンスの向上に応用され注目されはじめているアプローチである（Deen, Turner, & Wong, 2017；Turner et al., 2014)。論理情動行動療法の視点に基づけば，セルフトーク技法とは不合理な信念を合理的な信念に置き換える手続きであると考えられ，セルフトークの変容にはパフォーマンスの改善を導く機能があると理解できる。

　　Beckの認知モデル　Beck（1964）の開発した認知療法における認知は，階層性が仮定され，表層レベルの自動思考，中層レベルの媒介信念，深層レベルの中核信念（スキーマ）から構成される（Beck, 1995 伊藤・神村・藤澤監訳 2005）。ある状況で自動的無意識的に生じる思考は，媒介信念や中核信念から影響を受けて賦活化した自動思考と捉えられており，行動や感情や生理的反応と相互影響性のある認知である（Beck, 1995 伊藤・神村・藤澤監訳 2005）。認知療法の視点では，適応的でない自動思考を同定し，適応的な自動思考を促進することでアスリートのさまざまな問題を解決に導くことを目指す（McArdle & Moore, 2012)。たとえば意図したプレーのできない状況に直面したアスリートにおいて，状況とパフォーマンスの問題とに介在する自動思考（たとえば「無理だ，勝てない」）が同定されたとする。この自動思考は，行動に悪影響となる感情を引き出し，パフォーマンスを阻害しているという仮説の検証が行われた後に，アスリート自身が案出した代替思考（たとえば「今できる努力を続けよう」）の使用が促される（McArdle & Moore, 2012)。この代

替思考がネガティブな感情や行動や生理的反応を緩和することを確認できれば，日常生活場面で用いられることになる（Didymus & Fletcher, 2017）。なお，適応的でない自動思考や代替思考は，必ずしも容易に同定でき案出できるものではないため，専門家とアスリートとの協同関係に基づく専門家の示唆的な質問（ソクラテス式質問法）を通して，アスリート自身により案出される（誘導による発見）（McArdle & Moore, 2012）。認知療法の視点に基づくと，セルフトークとは表層レベルの自動思考に近い概念であり，セルフトーク技法とは適応的でない自動思考を適応的な自動思考に置き換えることで，アスリートのパフォーマンスの改善を目指す技法であると理解できる。なお，Ellis（1957）の合理的な信念あるいは不合理な信念は，意識的にアクセスすることが困難な深層にある認知であるという点で中核信念（スキーマ）に似た概念とみなされているが（Turner, 2016），Beck（1964）における認知のように階層性が仮定されていない点で，自動思考の基盤を成す媒介信念および中核信念（スキーマ）とは異なると考えられる。

Meichenbaumの認知モデル　Meichenbaum（1977）の開発した自己教示訓練を含むストレス免疫訓練法は，PST に大きな影響を与えた技法群である（Gardner & Moore, 2006）。ストレス免疫訓練法は，スポーツにおけるストレス事態（怪我，痛み，失敗を生じる可能性のある場面など）に対抗するための対処スキル（免疫）を養う際に，自己教示の役割に着目する（Mace et al., 1986）。ストレス免疫訓練法における自己教示訓練では，ストレス事態で生じる非機能的な自己陳述を明らかにした上で，その影響性を考え，適応的な自己陳述を用いることで行動を変容させていくことに主眼が置かれる（根建・市井，1995）。たとえば，高い難易度の技の遂行に躊躇する体操選手が「できない」と内言していることが明らかになったとする（Mace et al., 1986）。カウンセリング場面で，このアスリートは心身をリラックスさせ，技を完全に遂行するイメージをもつように求められる。技を成功裏に遂行するイメージを想起できるようになれば，イメージの直前に「私はできる」という肯定的

な自己陳述を自身に語るよう提案される。肯定的な自己陳述を行う際，仮に「できない」という内言を生じたとしても「私はできる」という内言が浮かんでくることを実感させる。その後，実際のスポーツ場面で，低い難易度の技から順に高い難易度の技を遂行させる過程で直面するストレス事態の対処法として，「私はできる」という自己陳述を使うことで技の完成度を高めていく（Mace et al., 1986）。ストレス免疫訓練法の視点に基づくと，セルフトークとは自己陳述のことであり，セルフトーク技法とは非機能的な自己陳述を事前に用意した適応的な自己陳述の使用を促進していくことを通じて，パフォーマンスの改善を図る技法であると理解できる。なお，Meichenbaum（1977）の自己教示は，適応的なあるいは不適応的な結果を招く原因としている点で，行動の相互作用で問題を生じるとする行動理論の自己教示とは異なる。

　以上のように，さまざまな認知理論の視点から見たセルフトークは，いずれもアスリートのさまざまな問題の背景にある認知変数として理解できる。したがって，これらの問題は，その背景となるセルフトークを文脈に即応したより適応的なセルフトークに再体制化することで，改善されると考えられている。

第二世代の認知行動療法とアスリートの抑うつ症状

　Baron, Baron, & Foley（2009）は，第二世代の認知行動療法をうつ病のアスリートに適用したケースを紹介している。19歳のエラナは，うつ病と神経性やせ症の診断を受けたアスリートであった。彼女のうつ病は，過去3年間の競技成績に関連するプレッシャーと挫折感の増大によって引き起こされていると考えられた。また「（体重が）重すぎる」「弱すぎる」という他者の攻撃的なフィードバックを受けており，この考えが数々の不合理な信念を体系化したと考えられた。この不合理な信念は，「もっとうまくやらなければならない」「体重を減らすべきだ」といった抑うつ的な思考を強めていると推

察された。不合理な信念が彼女の問題を維持していることに懐疑的であった彼女は，「しなければならない」「すべきだ」という考えが浮かぶたびに手首につけた輪ゴムを鳴らすホームワークに取り組んだ。すると2日後には痛みのために輪ゴムを外す必要性を感じるようになった。このことを受けて不合理な考えが頭に浮かぶたびに，より合理的な考えを自身に向かって3回繰り返すホームワークに取り組んだ。最終的に彼女は服薬を必要とせずにうつ病を改善し，食行動の問題はうつ病の改善とともに軽減した。

　ヴェラは大学を卒業したプロサッカー選手であった。ヴェラは，以前のコーチと現在のコーチから受けるフィードバックに明らかな差があることから，経済的な安定や出場機会への懸念を述べ，次第にうつ病の症状を示すようになった。認知行動療法を適用する際には，ヴェラの語る事実と空想とを分け，認められた不合理な思考に代わる，合理的な思考を見つけていくことに焦点を当てた。

　Sekizaki, Nemoto, Tsujino, Takano, Yoshida, Yamaguchi, Katagiri, Ono, & Mizuno（2019）は，高校生アスリート80名を対象に，抑うつ症状と不安症状に及ぼすインターネットを用いた認知行動療法の効果を検証した。抑うつ症状と不安症状の測定には，Kessler-6（K6）が用いられた。この介入では，認知，感情，行動の関係性や，ストレスマネジメントスキルとして認知行動療法を学ぶメリット，実生活への適応方法を実例から理解する心理教育が行われた。さらに認知再構成法をインターネット上で行うために，自動思考を認識し，より適応的な思考についてグループで検討する機会を設けた。その後，インターネットを用いた認知再構成は1ヵ月間行われた。この介入の結果，K6得点は，介入群では介入前後の有意な変化は認められなかったものの，統制群では有意な増悪が認められた。このことから，認知行動療法は高校生アスリートの抑うつ症状と不安症状の悪化を防止する効果のあることが示唆された。

第4節　スポーツ文脈における第三世代の認知行動療法

　第二世代の認知行動療法では，認知や感情といった内的な状態の制御に焦点が当てられてきた。これに影響を受けたPSTの基本原理は，不安は少なく，自信に満ち，否定的な思考はほとんど経験しないことによって，最適なパフォーマンスは生みだされると考えられてきた（Gardner & Moore, 2004 ; 2007）。そのため，否定的な思考を変容し，否定的な感情を減ずることを目指してきた。

　しかし近年では，望まない思考に意識を向けて変容しようと努力すること自体が，かえって，それらの否定的な状態を活性化させる結果を招くという逆説的効果（Wegner, 1994）が報告されるようになり（木村，2004），また認知の変容を行わなくても症状の改善効果に相違がないことなどから，認知や感情を直接的に変化させることへの疑問が指摘されはじめるようになった（熊野，2012 ; 岡島，2013）。スポーツ場面においても同様に，競技不安，自信（self-confidence）およびパフォーマンスは，弱い相関関係にしかないことを結論付けたメタ分析が発表され（Craft, Magyar, Becker, & Feltz, 2003），加えて不安などの否定的な感情を減じることや，自信を高めることが，必ずしも顕著なパフォーマンス向上に繋がらないとする研究結果が次々に報告されはじめた（詳しくはGardner & Moore, 2004 ; 2007）。

　認知の変容に関する上記のような問題への解決アプローチとして開発されてきたのが，第三世代の認知行動療法である。第二世代の認知行動療法では，認知の「内容（構造）」を別の思考内容に変えることで行動変容を促進した。それに対して第三世代では，思考内容そのものの変容ではなく，思考内容が行動や感情に与える影響性，すなわち認知の「機能」に着目している点に特徴がある（熊野，2012）。たとえば，「だからお前はだめだ」とコーチから叱責されたことを思い出すたびに，過食や嘔吐を繰り返していた選手が，

その望まない思考があらわれてきたとしても，自分がどのようなことを考え，どのように行動しようとしているかを観察し，思考が浮かぶままに受け入れていくことで，行動の改善を目指せることがある。このような思考（認知）の機能に着目した治療のひとつにACTがあり，食行動異常の改善効果が報告されている（Juarascio, Forman, & Herbert, 2010）。「機能」の変容により，従来用いられていたような様々に浮かぶ望まない思考を個別に修正する労力は減る。「機能」を重視する代表的な認知行動療法には，認知療法を基盤とするマインドフルネス認知療法やメタ認知療法，行動療法を基盤とする行動活性化療法，弁証法的行動療法，ACTがある（熊野，2012；岡島，2013）。

　ACTは，スポーツパフォーマンス向上のための心理学的支援として高い関心が向けられている（Henriksen, Hansen, & Larsen, 2020）。ACTは，機能的文脈主義に基づく行動療法であり（Hayes, 2004a），医療，産業，教育の各領域における行動問題の改善に貢献してきている。スポーツパフォーマンス向上を目的としたACTは，嫌悪的な思考や感情の直接的な変容を目指す従来型の心理的スキルトレーニングとは異なり，嫌悪的な思考や感情をそのままにすることで，自身の大切にしたい方向性に繋がる目の前の行動に注力することを目指している。

　ACTでは，問題の維持に関わる認知的フュージョンと体験の回避を対処すべき行動と捉える。認知的フュージョンとは，言語機能が非言語機能よりも優位な状態であり，言語によるルールが行動を制御している状態である（Hayes, 2004b）。そのため私的出来事の内容に固執し，この内容が字義通り真実であるかのように反応する（Greco, Lambert, & Baer, 2008）。たとえば，卓球において2点差で相手のゲームポイントを迎える状況で「相手に負けるに違いない」という思考が優位な状態となれば，積極的に現状を変えていくプレーは生起しづらいと考えられる。体験の回避とは，思考，感情，記憶あるいは身体感覚を制御しようとするプロセスが，期待する効果とは矛盾する結果を引き起こす行動である（Törneke, 2010 武藤・熊野監訳 2013）。たとえ

ば，ミスパフォーマンスで仲間から叱責された嫌悪的な記憶は，過度の飲酒や喫煙などという体験の回避により一時的に排除される可能性があるものの，中長期的には健康を害することが懸念される。

ACTでは，認知的フュージョンおよび体験の回避による行動の諸問題への対処行動として心理的柔軟性を重視している（Hayes, 2004a）。心理的柔軟性とは，脱フュージョン，アクセプタンス，「今，この瞬間」との接触，文脈としての自己，価値，コミットされた行為という6つのコア・プロセスから構成される（Hayes, Luoma, Bond, Masuda, & Lillis, 2006）。脱フュージョンとは，生じた思考の形や頻度および感受性はそのままにし，思考やその他の私的出来事の望ましくない機能を変えることによって，思考との関わり方を変えようとするものである（Hayes et al., 2006）。たとえば，「相手に負けるに違いない」という思考が生じたとしても，この思考は必ずしも現実化するものではなく，一時的に生じては消える思考に過ぎないと体験することである。アクセプタンスとは，思考や感情を，その形態を変容しようとせず，進んで受け容れるプロセスである（Fletcher & Hayes, 2005）。具体的には，「相手に負けるに違いない」という思考や，この思考とともに生じる不安をそのままにしておくことを目指していくことである。「今，この瞬間」との接触とは，今ここで生じている自分と関連する思考や感情などが生じたり消えたりするのを，判断を加えずに注意を向けることであり，これによって脱フュージョンとアクセプタンスはより促進する（Fletcher & Hayes, 2005）。たとえば，テニスのサーブにおいて動悸や声援などの刺激に注意が向きサーブへの注意が散漫になっている場合は，サーブの始動から終了までの遂行すべき一連の動作に注意を向けることである。文脈としての自己とは，あらゆる光景，感覚，感情，思考などが変化し続けることを主観的な評価を行わずに眺め，変化しない視座としての自己を識別している状態を指す（Blackledge & Drake, 2013）。たとえば，思考や感情を選手と例えるならば，1名の選手を追尾するカメラでは，この選手の動きを競技全体から理解することは困難であるが，

上空から見下ろすカメラであれば複数選手の動きの行き来との関係からその選手の動きは理解可能である。文脈としての自己は，上空から見下ろすカメラのように様々な思考や感情の動きを俯瞰する場を用意することである。

　また心理的柔軟性における価値とは，行動自体に強化価の備わる行動の遂行とその行動の結果を示すガイドライン（随伴性）を言語化したものであり（Wilson, Sandoz, Kitchens, & Roberts, 2010），コミットされた行為とは，特定の瞬間に生じる価値に基づく行為である（Hayes et al., 2006）。たとえば「お世話になった人に感謝を示したい」という価値は，コミットされた行為を自発しやすくなる（言語的な確立操作として機能する）可能性がある。なお，機能文脈主義の立場から捉えるマインドフルネスは，ACTのアクセプタンス，脱フュージョン，「今，この瞬間」との接触，文脈としての自己の4つのプロセスを含むものであると考えられている（Hayes et al., 2006）。

　ACTの心理的柔軟性をスポーツパフォーマンスに応用した代表的な支援方略として，Gardner & Moore（2004）が開発したMindfulness-Acceptance-Commitment（MAC）アプローチが挙げられる。MACアプローチはHayes, S. C. のACTとSegal, Z. V. のマインドフルネス認知療法が統合されている。MACアプローチの基本的なプロトコルは，介入の理論的根拠などを話題にする心理教育（psychoeducation），楽な姿勢で横になり身体感覚に注意を向けるボディスキャン（body scan）などを行うことで内的な状態をあるがままに見つめる力を高めるマインドフルネス（mindfulness），スポーツ場面や日常生活において，価値ある方向性を定め，その価値に沿って行動していくことに焦点を当てる価値の同定とコミットメント（values identification and commitment），思考と現実とを混同しないように切り離し，あるがままの状態にしておくアクセプタンス（acceptance）を実践し，これらマインドフルネス，アクセプタンス，価値に沿った行動（コミットメント）を，練習や大会および日常生活において統合して実践（integration and practice）していくことである（Gardner & Moore, 2004）。

MACアプローチは，マインドフルネス認知療法の要素として，身体感覚に注意を向けるボディスキャンなどを行うマインドフルネスを用いた介入が含まれ（Gardner & Moore, 2004），加えてACTの要素として，脱フュージョン，アクセプタンス，価値の明確化，コミットされた行為といった心理的柔軟性のコア・プロセスを取り入れたスポーツパフォーマンス向上のためのアプローチである（Hasker, 2010）。MACアプローチの具体的な流れと効果に関する事例報告では，パフォーマンスに関して思い悩む大学競泳選手に対してMACアプローチを適用した結果，その選手は，心配や不安などの否定的な感情に左右されることが減り，練習時間の向上と練習への取り組みが改善されたと報告されている（Gardner & Moore, 2004）。またMACアプローチは，水泳やウェイトリフティング（Gardner & Moore, 2004），バスケットボール（Gross, Moore, Gardner, Wolanin, Pess, & Marks, 2018），ラクロス（Lutkenhouse, 2007）といった競技種目においてスポーツパフォーマンス向上に寄与することが示唆されている。さらにMACアプローチは，準臨床的な心理的障害の有無によって介入効果に差が生じるとする研究知見を踏まえ，心配や完全主義に関する問題，キャリア移行に伴う問題，あるいは対人関係上の問題など，準臨床的な心理的障害を有する選手にも対応できるよう，各セッションを柔軟に運用できるモジュールとするなど，プロトコルの改訂が進められている（詳しくは，Gardner & Moore, 2007；Moore, 2009）。

　また，MACアプローチほど研究の蓄積はないものの，MACアプローチ以外にもACTの心理的柔軟性を応用してスポーツパフォーマンスの向上を目的とした支援の効果を検討した研究は報告されている。たとえば深町・石井・荒井・岡（2016）は，ACTの体験の回避，脱フュージョン，マインドフルネス，価値の明確化，コミットメントを用いて，アーチェリー得点の増加を示した。またRuiz & Luciano（2012）は，ACTの創造的絶望と脱フュージョンを用いて，チェスにおける得点の増加を示した。

　MACアプローチに代わるスポーツ場面における第三世代の認知行動療法

の別の例としては，Kaufman, Glass, & Arnkoff (2009) の開発した（Mindful Sport Performance Enhancement：MSPE）がある。Kaufman et al. (2009) は，スポーツパフォーマンスにおいてマインドフルネスを高める方法として，①レーズンを食べるその瞬間に関心を向けるレーズンエクササイズ，②身体に生じる様々な感覚に注意を向けるボディスキャン瞑想，③呼吸をただ観察するマインドフル呼吸，④これを座って実践する坐瞑想，⑤ヨガを通じて気づきを高めるマインドフルヨガ，⑥身体感覚への気づきとして歩行を利用するウォーキング瞑想，⑦これをスポーツに特化して修正を加えたウォーキング瞑想，という7点を紹介している。マインドフルネスをスポーツパフォーマンスの改善に適用した効果研究が行われてきている。

第三世代の認知行動療法とセルフトーク

　各世代の認知行動療法の特徴は，第一世代の認知行動療法（厳密には行動療法）は顕在的行動を直接的な標的としている点，第二世代の認知行動療法は思考の変容を目指している点，第三世代の認知行動療法は思考が与える機能に着目している点にある（熊野，2012）。

　第三世代の代表的な認知行動療法の1つとしてACTがあり（Hayes, 2004a），スポーツパフォーマンスの改善にも応用されてきている（Gardner & Moore, 2007；深町・荒井・石井・岡，2017）。ACTを参照すると，ある人の言語行動（行動の形態としてのトポグラフィであり，スポーツ文脈ではアスリートのセルフトーク）は，その人のそれまでの経験に基づいて，様々な言語行動（セルフトーク）や感情に影響を及ぼすとされる（関係フレーム理論）（Törneke, 2010 武藤・熊野監訳 2013）。これらの知見を参照し，行動理論に基づけば次のようなことが考えられる。たとえば先輩から「邪魔だ」と言われたアスリートは，この言葉を思い出すと否定的な言語行動（セルフトーク）や嫌悪的な感情を複合連鎖的に生じる可能性があり，現実とアスリート自身が作り出す思考との区別がつかなくなる（認知的フュージョン）。自分の望まない思考や感情などの

私的な体験に対して「避ける」「抑え込む」という行動は（体験の回避），非活動性や多量のアルコール摂取といった不適応行動に結びつくことが懸念される。不適応行動からの脱却を図るためには，否定的な言語行動（セルフトーク）や嫌悪的な感情に対して距離を置いて眺め（脱フュージョン），「体験の回避」を随伴させない代わりに心を開いて「ただ観察する（マインドフルネス）」「気づき，受け容れる（アクセプタンス）」行動をとる，という対応が求められる。またアスリート自身が重視する生き方の方向性（価値）を明確にすることで，価値に沿う行動の生起確率を高め（オーグメンタル）（Törneke, 2010 武藤・熊野監訳 2013），価値に沿う行動を取ること（コミットメント）自体が強化子（行動内在性強化子）となる好循環を生み出すことを目指す（Hayes, 2004 a；熊野, 2012）。第三世代の認知行動理論を基盤とするパフォーマンス支援には，主にACTを理論的背景とするMACアプローチ（Gardner & Moore, 2007；Moore, 2009）や，MACアプローチのように価値やコミットメントを扱わない，マインドフルネスを主軸としたMindful Sport Performance Enhancement (MSPE)（De Petrillo, Kaufman, Glass, & Arnkoff, 2009；Kaufman et al., 2009）といった手法がある。

　以上のように，マインドフルネスやアクセプタンスから捉えるセルフトークは，アスリートの問題を派生的に拡大する言語行動として理解できる。したがって，①「否定的な言語行動」の文脈と機能を変えることで，「否定的な言語行動」から生じていた問題への繋がりの影響性を減弱し，②明確化した価値に沿う行動の生起頻度を促進し相対的に問題行動の生起頻度を低減することを通じて，それまで問題と認識されていたものを問題として捉えずに済むようになることを目指す。

第三世代の認知行動療法とアスリートの抑うつ症状

　第三世代の認知行動療法をアスリートの抑うつ症状に適用した介入研究は皆無に等しい。数少ない調査研究としてTingaz, Solmaz, Ekiz, & Atasoy

（2022）がある。Tingaz et al.（2022）は，マインドフルネスとスポーツパフォーマンスとの関係における抑うつ，不安およびストレスの媒介効果を検討した。大学生アスリート363名を対象として，マインドフルネス，自覚的スポーツパフォーマンス，抑うつ，不安，およびストレスをそれぞれ測定した。その結果，マインドフルネスは，抑うつ，不安およびストレスの低減を通じてスポーツパフォーマンスを高める可能性が示唆された。

第5節　本章のまとめ

　第2章では，スポーツ文脈における認知行動療法について述べた。第1節では，スポーツ文脈への認知行動療法の応用について，認知理論と行動理論のそれぞれの立場から言及した。続いて第2節から第4節までは，スポーツ文脈における認知行動療法を概観した。認知行動療法は，臨床心理学の分野で変遷を遂げ，3つの世代に分類される。第2節では，スポーツ文脈における第一世代の認知行動療法について述べた。第一世代の認知行動療法は，主に目に見える行動（顕在的行動）の変容を得意としてきた。第3節では，スポーツ文脈における第二世代の認知行動療法について述べた。第二世代の認知行動療法は，第一世代の認知行動療法が必ずしも得意としない認知（内潜的行動）に焦点を当て，状況に即応した柔軟な認知へと変容することにより，スポーツパフォーマンスの改善を促進してきた。認知に焦点を当てる技法とともに，第一世代の認知行動療法の得意としてきた行動変容の技法が相互に補完しながら適用されてきた。第4節では，スポーツ文脈における第三世代の認知行動療法について言及した。第三世代の認知行動療法は，必ずしも認知の変容がスポーツパフォーマンスの改善に効果的であるとは言い切れないとする研究結果から，認知の機能に焦点を当てるアプローチがとられるようになってきた。

　また各世代の認知行動療法におけるセルフトーク技法の特徴について概説

した。その結果，各世代の認知行動療法から捉えられるセルフトーク技法は，以下の点にその特徴を集約することができる。

・認知理論では，アスリートの抱える問題の影響要因であるセルフトークを適応的なセルフトークに変容する技法である。
・行動理論では，レスポンデント条件づけにおいては競技に適応的な気分を誘発する条件刺激としての新たなセルフトークを学習するための技法である。オペラント条件づけにおいては行動を改善する先行刺激や結果事象としての新たなセルフトークを学習するための技法である。
・マインドフルネスやアクセプタンスの観点では，諸問題に繋がる言語行動の影響性を減弱する技法である。また価値に沿う顕在的行動の生起確率を高めるために，機能と文脈を変容する言語行動を提供する技法である。

　さらに各世代の認知行動療法とアスリートの抑うつ症状についても言及した。認知行動療法は，抑うつ症状の改善に寄与するため（Butler et al., 2006；Hofmann, Asnaani, Vonk, Sawyer, & Fang, 2012），アスリートの抑うつ症状に対しても有益であると考えられるものの，アスリートの抑うつ症状への認知行動療法の効果研究は皆無に等しい現状にある（Baron et al., 2009）。Baron et al.（2009）は，うつ病のあるアスリートは，悲しい気分といった一般的に見られるうつ病の特徴的な症状を示すだけでなく，練習や競技におけるパフォーマンス低下，競技への興味の減退，過剰なトレーニング，薬物やアルコールなどの物質使用といった行動特徴を示すとし，このことが練習や競技に悪影響を及ぼすと指摘している。また，アスリートの抑うつ症状に影響を及ぼす要因には，脳震盪を含むスポーツ傷害，キャリア終結，スポーツパフォーマンスなど，非アスリートとは異なる特異的なストレス事態が想定されている（Wolanin et al., 2015）。

　アスリートの抑うつ症状に対する認知行動療法の効果研究が極めて限定的である現状や，スポーツ文脈に即応した認知行動療法が確立されているとは言えない現状に鑑みると，今後はアスリートの抑うつ症状の低減に寄与する

認知行動療法の効果を実証し，支援を必要とするアスリートに必要な支援を届けられる体制を整備することが急務である。

[注]

2-1）スポーツにおける競技力の向上を目的とした心理的スキルトレーニング（psychological skills training）は，メンタルトレーニング（mental training）と称されることもある（Martin & Tkachuk, 2000）。本論文では，心理的スキルトレーニングという用語で統一する。

2-2）セルフトークという用語には，①心理学的な支援の手続きとして自分自身に発する「技法」を表す場合と，②自分自身から生じるまたは自分自身に発する「現象」を表す場合が含まれる。両者の明確な区別は必ずしも容易ではないが（有冨・外山，2019），本論文では便宜上，技法を指す場合は「セルフトーク技法」，現象を指す場合は「セルフトーク」として記述することとする。また，技法としてのセルフトークに関する研究を「セルフトーク技法の研究」，現象としてのセルフトークに関する研究を「セルフトーク研究」と記述する。

2-3）指導者を対象とした面接を通じて選手に関するアセスメントを行う場合もある。

第3章　認知行動療法からみた抑うつ症状とスポーツパフォーマンスに対する完全主義

第1節　完全主義とは

完全主義は，パフォーマンスに対して非常に高い基準を設定する，欠点のないように努力する，そして自分の行動を過度に批判的に評価するといった特徴を有するパーソナリティとされ（Frost, Marten, Lahart, & Rosenblate, 1990；Stoeber, 2012），近年では，完全主義を認知変数として捉える立場もある（小堀・丹野，2004）。

Stoeber（2012）によれば，完全主義の初期の心理学的な概念は，一元的構造とみなされてきたとされる（Burns, 1980）。一次元構造としての完全主義の研究においては，うつ病，強迫症，摂食障害と診断された臨床群の対象者において高い完全主義が認められ，非臨床群においても高い完全主義と抑うつ症状や不安が関連していることが明らかとなっている（Stoeber & Otto, 2006）。

1990年代に入ると，完全主義は，多次元構造としてより細分化して捉えられるようになってきた（Stoeber, 2012）。たとえば，Frost et al.（1990）は，完全主義を6つの構造として捉えている。すなわち，高い基準を持つ高目標設置（personal standards），秩序を重視する組織化（organization），失敗を避けようとするミスへのとらわれ（concern over mistakes），行動に対する疑いを示す行為欺瞞（doubts about actions），そして親からの期待（parental expectations）と親からの批判（parental criticism）という6つの下位尺度である。またHewitt & Flett（1991）は，完全主義を3つの構造として捉えている。すなわち，自分自身に完全性を求める自己志向的完全主義（self-oriented perfectionism），他者から完全性を課せられていると捉える社会規定的完全主義（socially prescribed perfectionism），そして他者に完全性を求める他者志向的完全主義（other-oriented perfectionism）という3つの下位尺度である。Frost et al.（1990）およびHewitt & Flett（1991）の尺度は，完全主義を評価する代表的な尺度である。

　2000年代から，スポーツ領域においても完全主義を捉える研究が見られるようになってきた。強い完全主義傾向のあるアスリートは，生活のあらゆる場面において完全を追求するわけではなく，スポーツという特定領域において完全を追い求める傾向が高まる可能性があることから（Dunn, Craft, Dunn, & Gotwals, 2011），スポーツ領域に特化した尺度が開発されるようになってきた（Dunn, Causgrove Dunn, & Syrotuik, 2002；Gotwals & Dunn, 2009）。

　さらに近年では，多次元構造としての完全主義に共通する2つの性質から完全主義を捉える動きが見られるようになってきた。完全主義は，研究者間で異なる多次元的な特性として概念化されているが（Frost et al., 1990；Hewitt & Flett, 1991），適応的な側面（perfectionistic strivings）と不適応的な側面（perfectionistic concerns）という2つの次元に集約可能であるとされる（Stoeber & Otto, 2006）。適応的な完全主義には，過度に高いパフォーマンス基準を設定し，完璧を求めて努力することが含まれる。適応的な完全主義は，たとえば主観的な幸福感（ウェルビーイング）や肯定的感情などと正の関係にあるとされている。一方で，不適応的な完全主義には，ミスすることを懸念し，他者からの否定的な評価を恐れ，自分の期待と得られたパフォーマンス結果に乖離を感じることが含まれる。不適応的な完全主義は，たとえばうつ病や否定的感情などと正の関係にある（Stoeber, 2012）。

　このように一次元構造として捉えられてきた完全主義は，多次元構造として捉えられ，近年では多次元構造の共通する特徴をまとめた2つの高次の性質として理解されるようになってきている。また広く一般を対象とした尺度とともに，アスリートに特化して作成された尺度が活用されるようになって

第3章　認知行動療法からみた抑うつ症状とスポーツパフォーマンスに対する完全主義　77

きている。

第2節　完全主義のアセスメント

　第2節では，完全主義の尺度をアスリートに特化したものを含めて紹介する。特に，完全主義を測定する諸外国の尺度は，Stoeber & Madigan (2016) を参考に紹介する。具体的には，スポーツ領域に限定されない非アスリートにも適用されている尺度として代表的なFrost Multidimensional Perfectionism Scale（FMPS；Frost et al., 1990）およびHewitt-Flett Multidimensional Perfectionism Scale（HF-MPS；Hewitt & Flett, 1991）の2つを紹介する。続いて，アスリートに特化して開発された完全主義の尺度であるSport-Multidimensional Perfectionism Scale（Dunn et al., 2002, Gotwals & Dunn, 2009）およびMultidimensional Inventory of Perfectionism in Sports（MIPS；Stoeber, Otto, & Stoll, 2006）を紹介する。なお，これら以外の完全主義の尺度については，Stoeber & Madigan (2016) を参照されたい。また我が国における完全主義の尺度として，大谷・桜井 (1995)，桜井・大谷 (1997)および小堀・丹野 (2004) を紹介する。

諸外国における完全主義のアセスメント

　Frost Multidimensional Perfectionism Scale（FMPS）　FMPS（Frost et al., 1990）は，6つの異なる側面から完全主義を捉える尺度である。6つの側面とは，①過度に高いパフォーマンス基準を表す「高い目標基準の設定（Personal Standards）」，②失敗を犯すことやその失敗が自己評価に悪影響を及ぼすことへの恐れを表す「ミスへの懸念（Concern over Mistakes）」，③正しいことを行うことについての不確実性に関する優柔不断の傾向を表す行為欺瞞（Doubts about Actions），④親から完璧であることを期待されているという認識を表す「親からの期待（Parental Expectations）」，⑤親の期待に応えら

れないと批判されるという認識を表す「親からの批判（Parental Criticism）」，
⑥組織化したり，秩序や整頓に価値を見出したりする傾向を表す「組織化
（Organization）」である。FMPSは，6つの下位尺度から構成され，高目標設
置は7項目，ミスへのとらわれは9項目，行為欺瞞は4項目，親からの期待
は5項目，親からの批判は4項目，組織化は6項目，合計35項目で構成され
る尺度である。

Hewitt-Flett Multidimensional Perfectionism Scale（HF-MPS） HF-
MPS（Hewitt & Flett, 1991）は，3つの異なる側面から完全主義を捉える尺度
である。3つの側面とは，①自分自身に完全性を求める「自己志向的完全主
義（Self-Oriented Perfectionism）」，②他者から完全性を課せられていると捉
える「社会規定的完全主義（Socially Prescribed Perfectionism）」，そして③他
者に完全性を求める「他者志向的完全主義（Other-Oriented Perfectionism）」
である。自己志向的完全主義は，完璧を目指すことや完璧であることが重要
であるという内的に動機づけられた信念を反映している。自己志向的完全主
義者は，非常に高い個人的な基準を持ち，完璧を目指して努力する。また完
璧であることを期待し，これらの期待に応えられない場合は，過度に自己批
判的である。他者志向的完全主義は，他者が完璧を目指すことや完璧である
ことが重要であるとする内的に動機づけられた信念を反映している。他者志
向的完全主義者は，他者が完璧であることを期待し，この期待に応えられな
い他者には過度に批判的である。社会規定的完全主義は，完璧を目指すこと
や完璧であることは，（自身ではなく）他者にとって重要であるという外的に
動機づけられた信念を反映している。社会規定的完全主義者は，自分自身が
完璧であることを他者から期待されていると考えており，その期待に応えら
れないと他者から強く批判されると信じている（Hewitt & Flett, 1991）。HF-
MPSは，自己志向的完全主義15項目，他者志向的完全主義15項目，そして
社会規定的完全主義15項目，合計45項目で構成される尺度である。

スポーツ領域における完全主義のアセスメント

Sport-Multidimensional Perfectionism Scale（Sport-MPS） Sport-MPS（Dunn et al., 2002）は，Frost et al.（1990）による完全主義の多次元モデルに基づいて開発されたスポーツ領域に特化した尺度である。Sport-MPSは，4つの下位尺度，すなわち高目標設置（Personal Standards）7項目，ミスへのとらわれ（Concern over Mistakes）8項目，親からのプレッシャーの知覚（Perceived Parental Pressure）9項目，コーチからのプレッシャーの知覚（Perceived Coach Pressure）6項目から構成され，合計30項目から成る尺度である。Sport-MPSはFMPSを基盤としているものの，FMPSとの相違は，①親の期待と親の批判を親からのプレッシャーの知覚としてまとめている点，②知覚されたコーチのプレッシャーを加えている点を挙げられる（Stoeber & Madigan, 2016）。Sport-MPSの改訂版であるSport-MPS-2（Gotwals & Dunn, 2009）は，Sport-MPSの下位尺度に加えて，行為欺瞞（Doubts about Actions）6項目，および組織化（Organization）6項目の下位尺度を追加した合計42項目の尺度である。

Multidimensional Inventory of Perfectionism in Sports（MIPS） MIPSは，Frost et al.（1990）やHewitt & Flett（1991），および多次元モデルとして完全主義を2つの高次の側面から捉える2要因モデル（two-factor model）（Stoeber & Otto, 2006）に基づく尺度である。MIPSは，ドイツ語で開発され（Stoeber, Otto, & Stoll, 2004），後に英訳されている（Stoeber et al., 2006）。MIPSは，9つの下位尺度，各下位尺度につきそれぞれ8項目，合計72項目から構成される尺度である。9つの下位尺度とは，「トレーニングでの完全主義的な願望（Perfectionistic Aspirations during Training）」，「競技での完全主義的な願望（Perfectionistic Aspirations during Competitions）」，「トレーニングでの不完全なパフォーマンスへのネガティブな反応（Negative Reactions to Nonperfect Performance during Training）」，「競技での不完全なパフォーマンスへのネガティブな反応（Negative Reactions to Nonperfect Performance during Competitions）」，「親からのプレッシャーの知覚（Perceived Pressure from Parents）」，「コーチからのプレッシャーの知覚（Perceived Pressure from Coach）」，「チームメイトからのプレッシャーの知覚（Perceived Pressure from Teammates）」，「チームメイトへの完全主義的なプレッシャー（Perfectionistic Pressure on Teammates）」，「チームメイトの不完全なパフォーマンスへのネガティブな反応（Negative Reactions to Nonperfect Performance of Teammates）」である。なおMIPSでは，最初の4つの下位尺度がそれぞれ「トレーニングでの完璧の追求（Striving for Perfection during Training）」，「競技での完璧の追求（Striving for Perfection during Competition）」，「トレーニングでの不完全に対するネガティブな反応（Negative Reactions to Imperfection during Training）」，「競技での不完全に対するネガティブな反応（Negative Reactions to Imperfection during Competition）」に改名され（Stoeber, Otto, Pescheck, Becker, & Stoll, 2007；Stoeber, Stoll, Pescheck, & Otto, 2008），因子的妥当性を高めるために8項目から5項目に整理されたとされる（Stoeber et al. 2007）。

我が国における完全主義のアセスメント

日本語版Multidimensional Perfectionism Scale（日本語版MPS）　日本語版MPSは，Hewitt & Flett（1991）の作成したMultidimensional Perfectionism Scale（MPS）の日本語版である（大谷・桜井，1995）。日本語版MPSは，合計45項目からなる多次元完全主義尺度であり，完全性を自己に求める「自己志向的完全主義（self-oriented perfectionism）」，完全性を他者に求める「他者志向的完全主義（other-oriented perfectionism）」，完全性を他者から求められていると感じる「社会規定的完全主義（socially prescribed perfectionism）」の3つの下位尺度から構成される。「全くあてはまらない」から「非常にあてはまる」までの7段階評定である。

新完全主義尺度（Multidimensional Self-oriented Perfectionism Scale：MSPS）　新完全主義尺度（桜井・大谷，1997）は，Frost et al.（1990）の開発

第3章　認知行動療法からみた抑うつ症状とスポーツパフォーマンスに対する完全主義　81

したFrost Multidimensional Perfectionism Scale（FMPS）のうち，自分に高い目標を課す傾向（Personal Standard：PS），ミス（失敗）を過度に気にする傾向（Concern over Mistakes：CM），自分の行動に漠然とした疑いをもつ傾向（Doubting of Actions：D）から構成され，また完全でありたいという欲求（Desire for Perfectionism：DP）が新たに加えられた合計4つの下位尺度から構成され，各下位尺度につき5項目，合計20項目の尺度である。「まったくあてはまらない」から「非常にあてはまる」までの6段階評定である。なお，新完全主義尺度は，FMPSの原版にある，秩序正しさを重んじる傾向（Organization：O），親から完全であることを期待されていると感じること（Parental Expectations：PE）や，親から完全ではないと批判されると感じていること（Parental Criticism：PC）を削除して構成されている。

　　多次元完全主義認知尺度　多次元完全主義認知尺度（小堀・丹野，2004）は，「高目標設置」，「ミスへのとらわれ」，「完全性の追求」という3つの下位尺度から構成され，各下位尺度につき5項目，合計15項目からなる尺度である。従来の完全主義は比較的安定した特性としてのパーソナリティと捉えられてきた。パーソナリティとして完全主義を捉える場合は，高い目標を設置する傾向のある者は，どのような状況でも高い目標を自分に課し，またミスを心配する傾向のある者は，どのような状況でもミスを懸念すると理解される。小堀・丹野（2004）は，完全主義は，完全性を求めたときに状況に応じて生じる認知であると位置づけて，多次元完全主義認知尺度を開発している。

　　多次元完全主義認知尺度は，認知臨床心理学の情報処理アプローチ（Ingram & Kendall, 1986）を援用して完全主義を捉えることで開発された（小堀・丹野，2004）。Ingram & Kendall（1986）は，認知的概念を4つに分類している。すなわち，情報の貯蔵としての認知構造，認知構造の内容としての認知命題，情報処理の手続きである認知操作，そして認知構造，認知命題，認知操作のそれぞれが相互に作用して生じる思考としての認知結果である。

認知構造と認知命題は，スキーマに相当するとされる（Ingram & Kendall, 1986）。完全主義認知は，自己志向的完全主義（Hewitt & Flett, 1991）としての完全主義スキーマが活性化して意識化された認知結果に対応すると想定されている（小堀・丹野，2004）。完全主義を認知的概念として捉えることで，完全主義の操作可能性が高まると考えられる。

第3節　抑うつ症状に対する完全主義

完全主義には，抑うつ症状を促進する不適応的な側面がある一方で，抑うつ症状を抑制する適応的な側面も有することが知られている（Bieling, Israeli, & Antony, 2004；Stoeber & Otto, 2006）。たとえば，ミスすることやミスで自身が否定的な評価を受けることへの恐怖を示す「ミスへの懸念（concern over mistakes）」，そして行為に対して確信をもてないことを表す「行為への疑い（doubts about actions）」は，抑うつ症状を促進する不適応的な働きを持つことが指摘されている（Douilliez & Lefèvre, 2011；Stoeber & Otto, 2006）。他方，非常に高いパフォーマンス基準を設定する「高い目標基準の設定（personal standards）」は，抑うつ症状には影響を及ぼさないか，あるいは抑うつ症状を抑制する適応的な働きを持つことが指摘されている（Douilliez & Lefèvre, 2011；Sherry, Hewitt, Flett, & Harvey, 2003；Stoeber & Otto, 2006）。

また，完全主義の不適応的な側面として，他者から完璧を求められていると知覚する社会規定的完全主義を取り上げた縦断調査においては，このような完全主義と後の抑うつ症状には関連がないことが示されている（Smith, Hill, & Hall., 2018）。Smith et al.（2018）の縦断調査では，完全主義の適応的な側面として自分自身に完璧を求める自己志向的完全主義も取り上げられているが，後の抑うつ症状との間には関連が認められていない。

Sherry, Richards, Sherry, & Stewart（2014）は，一般大学生を対象とした3時点の縦断調査の結果，完全主義の不適応的な側面が後の抑うつ症状

第 3 章　認知行動療法からみた抑うつ症状とスポーツパフォーマンスに対する完全主義　83

を促進することを明らかにした。McGrath, Sherry, Stewart, Mushquash, Allen, Nealis, & Sherry（2012）は，一般大学生を対象とした 4 時点の縦断調査の結果，ほとんどの時点において完全主義の不適応的な側面が後の抑うつ症状を促進し，完全主義の適応的な側面が後の抑うつ症状を抑制することを示唆している。

　適応的な完全主義は抑うつ症状に対して負の関連を示すとされる一方で，不適応的な完全主義は抑うつ症状に正の関連を示すことが示唆されている（Moore, Holding, Moore, Levine, Powers, Zuroff, & Koestner, 2021）。またメタアナリシスをもとに，完全主義と抑うつ症状の因果関係を交差遅延効果モデルにより検討した研究では，①適応的な完全主義は抑うつ症状に正の関連を示す可能性はあるが，抑うつ症状は適応的な完全主義には影響を及ぼさない，②不適応的な完全主義は抑うつ症状に正の関連を示し，抑うつ症状も不適応的な完全主義に正の関連を示す可能性がある，といった点が示唆されている（Smith, Sherry, Ray, Hewitt, & Flett, 2021）。

　我が国では，桜井・大谷（1997）が完全主義と抑うつの関連を検討している。桜井・大谷（1997）は，「ミス（失敗）を過度に気にする傾向」が高いと抑うつに陥りやすく，「自分に高い目標を課す傾向」が高いと抑うつに陥りにくいという，完全主義の役割の二面性を明らかにしている。桜井・大谷（1997）の「ミス（失敗）を過度に気にする傾向」と「自分に高い目標を課す傾向」は，Frost et al.（1990）の「ミスへの懸念」と「高い目標基準の設定」に対応しているため，それぞれが同様の機能を有する完全主義に相当すると考えられる（Stoeber, 2018）。

　完全主義と抑うつとの関連を検討した従来の研究では，完全主義をパーソナリティ変数として捉える立場が一般的であった。しかしながら近年では，完全主義を認知変数として捉える視点に関心が集まっている（Flett, Hewitt, Demerjian, Sturman, Sherry, & Cheng, 2012；Hill & Donachie, 2020；小堀・丹野，2004）。たとえば小堀・丹野（2002）は，桜井・大谷（1997）の開発した新完

全主義尺度のうち，「完全でありたいという欲求」を完全主義特性とし，この特性から「自分に高い目標を課す傾向」および「ミス（失敗）を過度に気にする傾向」という完全主義認知を生じると想定し，「完全でありたいという欲求」から生じる2つの認知が抑うつに与える影響を構造方程式モデルにより検討した。その結果，「ミス（失敗）を過度に気にする傾向」は抑うつを促進し，「自分に高い目標を課す傾向」は抑うつを抑制することを明らかにし，完全主義認知の異なる側面が抑うつに対して二面的な働きをすることを実証した。小堀・丹野（2002）における完全主義の位置づけは，Ingram & Kendall（1986）の認知臨床心理学の知見に基づいて捉えることができると考えられる（小堀・丹野，2004）。明確な言及はないものの，Ingram & Kendall（1986）の認知的概念の枠組みから小堀・丹野（2002）のモデルを捉えると，「完全でありたいという欲求」は完全主義スキーマ，「自分に高い目標を課す傾向」と「ミス（失敗）を過度に気にする傾向」は認知結果に対応すると捉えることが可能である。

　また研究数は少ないものの，アスリートを対象として完全主義と抑うつ症状の関連を検討した研究も報告されている。Nixdorf, Frank, & Beckmann（2016）は完全主義の不適応的な側面としてコーチから完璧を求められていると知覚することを取り上げ，このような完全主義が抑うつ症状と正の相関関係にあることを明らかにした。

第4節　スポーツパフォーマンスに対する完全主義

　完全主義はスポーツパフォーマンスと関連することが示唆されている。完全主義とスポーツパフォーマンスとの関連を検討したメタアナリシス（Hill, Mallinson-Howard, & Jowett, 2018）によれば，適応的な完全主義はスポーツパフォーマンスとの間に正の関連を示し，不適応的な完全主義はスポーツパフォーマンスとの間に関連を示さないことを報告している。Hill et al.（2018）

第3章　認知行動療法からみた抑うつ症状とスポーツパフォーマンスに対する完全主義　　85

を支持する研究にはMallinson-Howard, Madigan, & Jowett（2020）の研究があり，適応的な完全主義はスポーツパフォーマンスとの間に正の関連を示し，不適応的な完全主義とスポーツパフォーマンスとの間には関連が認められなかったことを報告している。

　Stoeber, Uphill, & Hotham（2009）は，トライアスロン選手を対象として，完全主義とレースパフォーマンスとの関連を検討した。レース前日に測定された適応的な完全主義は，レースパフォーマンスと正の関連を示した。一方，不適応的な完全主義は，レースパフォーマンスと関連を示さなかった。Stoll, Lau, & Stoeber（2008）は，スポーツ科学を専攻する大学生を対象として，完全主義とバスケットボールのトレーニング課題におけるパフォーマンスとの関連を検討した。この課題は，ドリブルを行わずピボットステップからシュートするものであり，4シリーズで各7試行実施された。各試行のシュート得点は，以下の条件により算出された。すなわちボールが，①リムに触れずにシュート成功（3点），②リムに触れてシュート成功（2点），③リムに上から触れてシュート失敗（1点），④リムの下から触れてあるいはリムに触れずにシュート失敗（0点）の各条件であった。その結果，適応的な完全主義は，各シリーズのシュート得点と正の関連を示し，パフォーマンス向上を示す4シリーズの得点の増分とは関連を示さなかった。一方で，適応的な完全主義と不適応的な完全主義との交互作用は，4シリーズの得点の増分と正の関連を示した。具体的には，完全主義の両側面が共に高い学生は，得点の高い増分を示すことが示唆された。Stoll et al.（2008）は，この結果を，ミスや不完全なパフォーマンスに対して生じる怒りや不満を回避する働きが，パフォーマンス改善に向けた動機を高め，得点の増分に寄与したと考察している。

第5節　完全主義の作用機序

　完全主義は，以下のような作用機序によって，抑うつ症状とスポーツパフォーマンスに影響すると考えられる。適応的な完全主義は，高い設定目標が強化を獲得するための接近目標となり，肯定的な感情を促進することが知られている（Kobori & Tanno, 2005）。このことから，高い目標の設定が達成への動機を高め（Stoeber, 2012），達成に向けた努力が増加することで，スポーツパフォーマンスが促進される。また高い設定目標によって生じた肯定的な感情は抑うつ症状を抑制すると考えられる。一方で，接近目標は回避目標へと機能が変わる可能性があることに加え，不適応的な完全主義は肯定的感情を抑制し，否定的感情を促進することが示唆されている（Kobori & Tanno, 2005）。このことから，目標達成への動機は減弱し，達成に向けた努力は低減または消失するため，スポーツパフォーマンスは低下する，また否定的な感情の経験は抑うつ症状を助長すると考えられる。さらに，完全主義の特徴である過度に高い目標の設定は，達成不可能な目標の設定に繋がる可能性がある。達成不可能な目標を達成できないことへの失望から厳しい自己批判に陥ることが（Radhu, Daskalakis, Arpin-Cribbie, Irvine, & Ritvo, 2012），スポーツパフォーマンス向上に繋がるトレーニング行動を低減させ，抑うつ症状を生じさせるとも考えられる。あるいは不適応的な完全主義が，反すう（Smith, Sherry, Ray, Lee-Baggley, Hewitt, & Flett, 2020）や状況への破局的解釈および生活経験の受容困難（Graham, Sherry, Stewart, Sherry, McGrath, Fossum, & Allen, 2010）を介して，抑うつ症状を促進すると考えることもできる。

第6節　完全主義と認知行動療法

　完全主義に対する認知行動療法は，不適応的な完全主義の低減に向けたア

第 3 章　認知行動療法からみた抑うつ症状とスポーツパフォーマンスに対する完全主義　87

プローチがとられてきている。完全主義の特徴として，①過度に高い目標を設定する，②基準の未達成になることへの不安から基準達成に向けた行動を回避する，③仮に基準を達成しても自己卑下に陥り，基準未達成の際には自己批判を伴う（Egan, Wade, & Shafran, 2011；Egan, Wade, Shafran, & Antony, 2016），といった点が挙げられる。これら 3 つの特徴を有する完全主義へのそれぞれの対策を認知行動療法の観点から以下に言及する。

　第 1 に，過度に高い目標を設定することは，達成困難な状況に陥り肯定的なフィードバックを受ける機会を減じる（Kobori & Tanno, 2005）。目標を達成するための行動は，高すぎる目標のために失敗経験が積み重ねられて強化を得られず，失敗恐怖などミスに対するとらわれは増大すると推察される。過度に高い目標を設定する傾向のある者に対する目標は現実的な基準を設定し，強化を受ける機会を増強する必要がある。高目標設置を直接的に促進する技法は確立されていないが，目標設定技法はこの役割を担う可能性があると考えられる。すなわち目標は，具体的な，測定可能な，達成可能な，関連性のある，期限を設けた目標となるよう設定していくことが重要であるとされる（Egan et al., 2016）。たとえば外出困難な状態の方であれば，「玄関で靴を履く」，「玄関から10m先まで歩く」など，現状から取り掛かりやすい基準を設定していくことが求められると考えられる。

　第 2 に，基準が未達成になることへの不安から回避行動を生じているとすれば，基準達成に向けた行動生起を促進する支援が不可欠である。不安や失敗恐怖などの嫌悪事象と同居しながらも価値に向かう行動生起を促進させるACT も有用な対策となり得る可能性がある（Hayes, 2004a）。また回避行動としての先延ばしに対する支援策としては，動機づけ面接，問題解決療法，および行動実験が挙げられている（Egan & Shafran, 2018）。

　第 3 に，基準達成時の自己卑下および未達成時の自己批判といった行動の遂行結果に対する自己評価に焦点を当てた支援が不可欠である。基準達成時の自己卑下はより高い基準の再設定に繋がり，未達成時の自己批判は失敗し

ないよう行動する回避目標に繋がるため，失敗恐怖は助長される可能性がある。この具体的な対策には，不適応に陥りやすい完全主義的な思考を記録してモニタリングし（Shafran & Mansell, 2001），生活上の不適応に繋がる完全主義的な思考をより柔軟な思考にしていく認知再構成法を用いる，あるいはマインドフルネスに基づく介入により思考から距離を置く手法が考えられる（Graham et al., 2010）。

第7節　本章のまとめ

　第3章では，認知行動療法からみた抑うつ症状とスポーツパフォーマンスに対する完全主義について述べた。第1節では，完全主義の定義について触れ，完全主義は一次元構造として捉えられ，後に多次元構造として概念化されていることを概説した。また近年は，多次元構造としての完全主義は，主要な2つの性質を持つ高次の要因から捉えられるようになってきていることについても触れた。第2節では，完全主義のアセスメントについて概説した。諸外国で開発された主要な尺度は我が国でも類似の尺度が作成されてきた。また個人の比較的安定した特性として捉えられてきた完全主義を，状況に応じて生じる認知としての完全主義を捉える尺度が開発されていることについても扱った。また完全主義は，日常生活の全般で高まるものではなく，個人の追求する完全性の方向性に基づいて生じるとする考えから，アスリートに特化する尺度が開発されるに至っていることについても概説した。第3節では，完全主義が抑うつ症状に及ぼす影響について概説した。適応的な完全主義が抑うつ症状に対して，関係しないまたは抑制的な働きをする一方で，不適応的な完全主義は抑うつ症状に対して，促進的な働きをすることが示唆されていることを先行研究より示した。第4節では，完全主義がスポーツパフォーマンスに及ぼす影響について概説した。適応的な完全主義がスポーツパフォーマンスに対して促進的な働きをする一方で，不適応的な完全

主義はスポーツパフォーマンスに影響しないことが示唆されていることを述べた。第5節では，抑うつ症状およびスポーツパフォーマンスに対する完全主義の作用機序について述べた。接近目標に基づく行動や肯定的な感情が抑うつ症状を抑制し，スポーツパフォーマンスを促進する可能性を示し，一方で回避目標に基づく行動や嫌悪的な感情が抑うつ症状を促進し，スポーツパフォーマンスを抑制する可能性を示した。最後に第6節では，不適応的な完全主義への対処方策を，認知行動療法の観点から示した。具体的には，適正な目標の設定，より柔軟な思考にする認知再構成法，および思考から距離を置くマインドフルネスなどによる手法を紹介した。

第4章　抑うつ症状とスポーツパフォーマンスおよび完全主義に対する価値

第1節　価値とは

　抑うつ症状やスポーツパフォーマンスに影響を及ぼす心理学的な要因として，価値（values）を挙げることができる。価値は，行動の機能に着目して行動問題の改善を図るACTにおける主要概念の1つとされる（Hayes et al., 2006）。価値は，自由に選択されるものであり，継続的で動的で進化的な行動パターンを言語で構築した結果であり，価値ある行動パターンそれ自体に従事することに際立つ強化子を確立するものである（Wilson et al., 2010）。すなわち価値はそれを言語化することで動機づけが高まる言語的確立操作として機能し，価値に沿う行動の主な強化子はその行動自体への関与に内在する（Wilson et al., 2010）。

第2節　アスリートを対象とした価値の明確化

　価値は目標志向的な行動を導くこともあるために，しばしば目標と混同されることがある。価値は，達成すれば完結する目標とは異なり，終わりのない行動のプロセスであるとされている（Barrett, O'Connor, & McHugh, 2019；Smith, Leeming, Forman, & Hayes, 2019；Wilson et al., 2010）。この点で，アスリートを対象とした価値の明確化においては，スポーツパフォーマンスの向上を意図した心理的スキルトレーニングで多用される目標設定技法と価値との差異を抑えておく必要がある。価値はアスリートが重視する方向性であり，価値に沿う行動は特定の行動のみを指すのではなく，価値という方向性に向か

う機能をもつ行動であると考えられる。以下では，アスリートを対象とした
価値の明確化のための支援方略について，ACTマトリックス，The Values
Compass，引退パーティー，寄せ書きについて概説する。

ACTマトリックス

ACTにおける心理的柔軟性を高めるための 1 つの手法には，ACTマト
リックス（Polk, 2014）がある。ACTマトリックスは，心理的柔軟性を高め
るための直感的で視覚的な手掛かりである。ACTマトリックスは，「離れ
る（Away）」「近づく（Toward）」という水平軸と，「私的な経験（Mental
Experiencing）」「身体的な経験／五感による経験（Physical Experiencing/ 5 -
Senses Experiencing）」という垂直軸とが交差する 4 象限から構成され，この
2 本の交点には「違いに気づく（Noticing The Difference）」というキューが
記されている（Figure 4 - 1）。右上にある第 1 象限は，「五感による体験」か
つ「近づく」とから構成され，コミットされた行動を表す。左上にある第 2
象限は，「五感による体験」かつ「離れる」とから構成され，体験の回避を
表す。左下にある第 3 象限は，「私的な経験」かつ「離れる」から構成され，
認知的フュージョンを表す。最後に，右下にある第 4 象限は，「私的な経験」
かつ「近づく」とから構成され，価値の明確化を表す。この 4 つの象限を記
したマトリックを，たとえばいつでも見られるような壁に掛けることで，そ
の時点における認知的活動を捉えることができるとされる。

Schwabach, Bartley, & Polk（2019）は，ACTマトリックスを用いて，ア
スリートが体験の回避や認知的フュージョンにある自身の状態に気づき，価
値に沿う行動頻度を高めるための支援について記している。具体的には，
たとえば野球では，打撃コーチが，バッティング場の壁に掛けたACTマト
リックスを用いて，現状の内的な状態への気づきを促し，何がうまくいって
いて，何がうまくいっていないのかに注意を向けさせることで，なりたい打
者に近づくことを目指す。またアスレティックトレーナーは，アスリートが

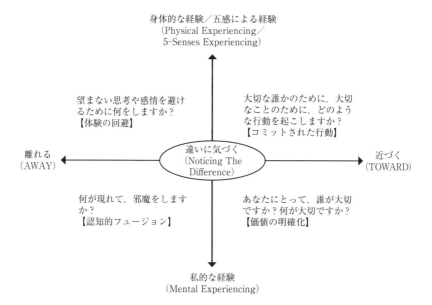

Figure 4-1. ACTマトリックス(Schwabach et al. (2019)をもとに一部修正して作図)。

痛みのある部位を特定し，自分の体に何が起きているかについて注意を向けるように伝える。ACTマトリックスを用いたコミュニケーションにより，体験の回避や認知的フュージョンの状態にあるか否かを瞬時に判断することができ，価値に沿う行動を促進することができるとされる。

The Values Compass

Henriksen（2019）は，プレッシャー下にあるアスリートの注意は，目下の課題ではなく，思考や感情を抑制する私的出来事の変容に向くとし，この不快な思考や感情を変容しようとする体験の回避よりも，これを進んで受け容れるアクセプタンスの重要性を述べている。そのうえでHenriksen（2019）は，アスリートが私的出来事の変容によって導かれる回避や制御に進むのではなく，自身の価値に導かれる方向に進むことの重要性をThe Values

Compassという視覚的資料を用いて言及している。The Values Compassという視覚的資料には，価値に沿う直進の道と，感情に導かれる脇道とが描かれ（Figure 4-2），行動の機能を分析する機能分析の7ステップが用いられている。

第1ステップは，アスリートが価値を明確化し，ゲームプランを策定することを支援する。価値を明確化することは，アスリートが望ましい軌道に

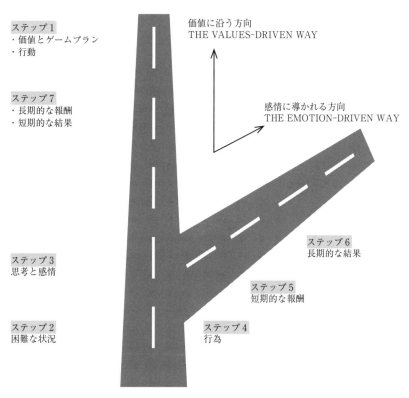

Figure 4-2. The Values Compass (Henriksen (2019)をもとに一部修正して作図)。

乗っているかを分析するための出発点となる。価値の明確化の手続きには，価値に沿う具体的な行動（コミットした行動）を含むようにする。第2ステップは，たとえば，チームメイトを怒鳴る，運動中にあきらめる，怪我をしたふりをする，あるいは怪我にも関わらず自分を追い込むなど，アスリートの取る行動が長期的には非効果的な結果をもたらす状況を特定する。第3ステップは，先の状況で生じる具体的な思考や感情を，アスリートが表現できるように支援する。アスリートの取る行動が長期的には非効果的な結果をもたらすことをアスリートが理解するための支援は，その状況を生じた直後の方が行ないやすいものではあるものの，行動生起直後に即時の支援ができない場合には，アスリートが目を閉じてその状況を想像するよう促すこともできる。第4ステップは，価値に沿わない特定の行為や行動を理解することである。このステップでは，「何をしたか」「何を見たり聞いたりしたか」を質問することでアスリートが価値に沿わない行動を特定できるよう支援する。第5ステップは，その行動がどのように強化されているかをアスリートが理解できるように支援することである。正の強化と負の強化の視点から行動の維持要因を捉える。第6ステップは，価値に沿わない行動をとることの長期的な結果を理解することである。今までの回避行動が機能しないことを理解する方法として，創造的な絶望を用いることもある。第7ステップは，価値を再検討し，価値に沿う代替行動を設定することである。価値に沿う行動を行うことで得られる予想される結果（報酬）を明らかにすることが含まれる。

　このようにThe Values Compassは，アスリートが，自身のスポーツパフォーマンス上の問題には体験の回避が関与していることや，回避行動の長期的な悪影響を理解したうえで，価値を明確化し，価値に沿う行動を選択できる支援を行うために用いられる。The Values Compassには，アスリートのとる行動の機能分析と価値の明確化の支援が含まれている。

引退パーティー

Smith et al. (2019) は，引退パーティーというエクササイズによって価値の明確化を行う手続きを提案している。このエクササイズでは，引退を迎えたアスリートの経歴について，そのパーティーに出席する最も尊敬する人たちが語り合うという想定のもと，尊敬する人たちに知ってもらいたい上位の経歴を明らかにすることで，価値に沿う行動の一貫性を捉えようとしている。

寄せ書き

引退を想定することで価値を明確化する試みは，高山・佐藤（2021）においても認められる。高山・佐藤（2021）は，中学生の陸上競技部員の引退式としての「3年生を送る会」を例に，自分に送る寄せ書きを完成することで価値を明確化していくことを提案している（Figure 4-3）。寄せ書きには，たとえば「県大会で優勝してすごいです」などのように，自身が成し遂げたい目標を記すことができるだけではない。一般的に寄せ書きは，たとえば「誰に対しても優しく接してくれる先輩が憧れでした」などのように，受け

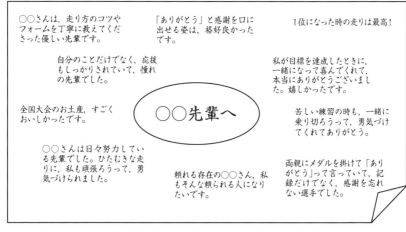

Figure 4-3. 自身自身に送る寄せ書きの例（高山・佐藤，2021）。

手のひととなりを記すこともあることから，競技を通じて目指したい方向性としての価値をも明らかにできる利点がある。また高山・佐藤（2021）は，寄せ書きの他にも，「中学校の最後の大会を終えた自分に送る手紙」を書くことや「引退会見」で，たとえば「引退理由」「一番つらかった時にどう乗り越えたか」など，いくつかの質問に返答することで価値を明確化するという着想を挙げている。

第3節　抑うつ症状に対する価値の効果

　これまでに価値を明確化する手続きは，抑うつ症状の低減（Bramwell & Richardson, 2018；Vowles & McCracken, 2008）に寄与することが示唆されている。Vowles & McCracken（2008）は，慢性疼痛を抱える参加者において，価値に沿う行動の増加が抑うつ症状の低下と関連していることを明らかにした。Bramwell & Richardson（2018）は，ACTにおける価値に基づく行動の増加と認知的フュージョンの低下は，抑うつ症状と苦痛の低減に寄与することを明らかにした。我が国では，主に症例報告により，価値が抑うつ症状の改善に寄与することを示唆する研究が行われている。首藤他（2018）は，行動活性化療法およびACTをうつ病の女性に適用した。価値の明確化を含む介入により，女性の抑うつ症状は改善することが示唆された。また高橋（2017）は，出産に伴ううつ病となった女性に対して，価値の明確化と行動活性化の手続きを用いて，抑うつ症状の改善効果を実証した。

第4節　スポーツパフォーマンスに対する価値の効果

　価値を明確化する手続きは，スポーツパフォーマンスの向上に寄与することが示唆されている（Gross et al., 2018；Macdougall, O'Halloran, Sherry, & Shields, 2019）。スポーツパフォーマンス向上を目的する価値を明確化する手続きに

は，ACTの心理的柔軟性をスポーツパフォーマンスに応用した代表的な支援方略であるMindfulness-Acceptance-Commitment（MAC）アプローチ（Gardner & Moore, 2004）がある。MACアプローチは，心理教育，嫌悪的な思考や感情から距離を置いて非判断的に観察するマンドフルネスや脱フュージョン，嫌悪的な思考や感情に反応せず受け容れるアクセプタンス，価値を明確化することや価値に沿う行動を実際に生起していくことを目指す介入がパッケージとして組み込まれているアプローチである（Gardner & Moore, 2004）。Gross et al.（2018）は，MACアプローチをバスケットボール選手に適用し，介入前から介入後にかけてコーチによるパフォーマンス評価が有意に向上したとする結果を報告している。また，Macdougall et al.（2019）は，パラアスリートを対象としてMACアプローチを実施し，介入後の敏しょう性において有意な群間差が認められたとする結果を報告している。これらの研究は，価値を明確化する単独の手続きではなく，パッケージとしての介入効果ではあるものの，価値を重視する介入を用いている点で，価値がスポーツパフォーマンスの向上に一定の役割を担うことを示唆するものである。

第5節　完全主義に対する価値の想定される作用機序

　価値は完全主義に対しても影響を及ぼすと考えられる。Slade & Owens（1998）は，強化随伴性の観点から完全主義を捉え，完全主義をポジティブな完全主義とネガティブな完全主義とに分類し，それぞれを適応的な完全主義と不適応的な完全主義としている。このことからポジティブな完全主義は適応的な完全主義とし，ネガティブな完全主義は不適応的な完全主義として扱う。適応的な完全主義は，①設定した特定の高い目標の達成に向けて肯定的な結果を得るために生起する認知的活動や行動，②理想的な自己に近付くための行動である（Slade & Owens, 1998）。一方で不適応的な完全主義は，①設定した特定の高い目標の達成に向けて否定的な結果を避けるために生起

する認知的活動や行動，②なりたくない自己から遠ざかるための行動であり（Slade & Owens, 1998），③回避や逃避を伴う（Barlow, Allen, & Choate, 2016；Santanello & Gardner, 2007；Slade & Owens, 1998）。このように完全主義は目標の達成に向けた行動として異なる機能の観点から理解されている。

　価値に沿う行動は，適応的な完全主義を高める可能性がある。たとえば，「サポーターに元気を与えたい」という価値に対する「最後まであきらめないプレーを行う」という価値に沿う行動は，「劣勢でもホイッスルが鳴るまで走り続ける」という価値と一致した目標の達成を目指す適応的な完全主義を高める可能性がある。また「この試合で勝利する」ことや，「そのために正確なフリーキックを行う」ことを目指す適応的な完全主義を高める可能性もある。一方，価値に沿う行動は，不適応的な完全主義を弱める，あるいはこれと関連しない可能性がある。この理由としては，行動自体に強化価が伴う価値に沿う行動は，特定の高い目標に対して否定的な結果を避けるために生起する不適応的な完全主義とは機能が異なることが想定される。

第6節　本章のまとめ

　第4章では，抑うつ症状とスポーツパフォーマンスおよび完全主義に対する価値について概説した。第1節ではACTにおける価値の定義に触れた。第2節では，アスリートを対象とした価値の明確化の手続きの実際を概説した。第3節および第4節では，抑うつ症状およびスポーツパフォーマンスの改善に寄与することを示唆する価値に関する先行研究を示した。第5節では，価値と完全主義の関係性について扱った。完全主義を強化随伴性の視点から捉えることで，価値が完全主義に影響を及ぼす関係性にあることについて触れた。完全主義は，パーソナリティとして捉える立場もあるが，行動分析学における行動（認知的活動も含む）と捉えることで，確立操作としての価値や，価値に沿う行動が完全主義に影響を及ぼすという関係性を想定した。

この関係性に基づいて，価値が，完全主義に影響を及ぼす関係性のみならず，抑うつ症状とスポーツパフォーマンスに対してそれぞれ直接的に，あるいは完全主義を介して間接的に影響を及ぼすという関係性をも想定することを可能にした。

第5章　本研究の目的と意義

　第5章では，本研究の目的と意義を述べる。第1章から第4章までは，ア
スリートの抑うつ症状とスポーツパフォーマンスに関する先行研究を概観し
てきた。先行研究の課題点を踏まえ，第1節では本研究における目的と意義
について述べる。第2節では，本研究における用語の定義を示す。

第1節　本研究の目的と意義

本研究の目的

　先行研究より，アスリートのなかには強い抑うつ症状を抱える者が一定数
存在し，抑うつ症状の改善に向けた支援が求められていることが明らかにさ
れてきた。そのため，従来の心理的スキルトレーニングが対象としているス
ポーツパフォーマンスの改善に加えて，抑うつ症状の改善にも寄与する新た
な心理学的支援を行うことが期待される。アスリートの抑うつ症状およびス
ポーツパフォーマンスの改善に寄与すると考えられる要因として完全主義を
挙げることができる。しかしながら，抑うつ症状およびスポーツパフォーマ
ンスに対する完全主義の先行研究から，以下2つの問題点を指摘できる。

1. 従来，完全主義は，抑うつ症状およびスポーツパフォーマンスに影響す
　　ることが，それぞれの研究で明らかにされている。しかしながら，完全
　　主義が抑うつ症状およびスポーツパフォーマンスに及ぼす影響につい
　　て，この2つをアウトカムとした包括的な検討は行われていない。
2. 完全主義は，適応的な完全主義と不適応的な完全主義とに大別され，そ
　　れぞれの完全主義は，抑うつ症状とスポーツパフォーマンスに異なる関

係が認められてきた。完全主義を操作することは，抑うつ症状の低減とスポーツパフォーマンスの向上に寄与する新たな心理学的支援の構築に繋がると考えられる。ここで完全主義のみならず，抑うつ症状およびスポーツパフォーマンスに対しても影響を及ぼす要因を確認できれば，異なる完全主義への個別の介入を簡略化でき，抑うつ症状の低減とスポーツパフォーマンスの向上を同時に促進できる支援に繋がることが期待できる。この要因としてACTにおける価値を想定することができるものの，価値および完全主義が抑うつ症状およびスポーツパフォーマンスに及ぼす影響について検討された研究はない。

　本研究では，アスリートの抑うつ症状とスポーツパフォーマンスの双方の改善に資する完全主義の効果について，上記2つの問題点を検討することを目的とする。本研究の構成をFigure 5 - 1に示す。

本研究の意義
　本研究には以下の意義を見出すことができる。

1. アスリートの抑うつ症状およびスポーツパフォーマンスに及ぼす完全主義の影響を包括的に検討しようとすることに意義がある。
2. 完全主義に影響を及ぼすことが想定される価値を含め，価値および完全主義が抑うつ症状およびスポーツパフォーマンスに及ぼす影響を包括的に検討することは，より効率的な介入の構築に向けた基礎資料に繋がる点で意義がある。

　これらの研究から得られる知見は，今後アスリートの抑うつ症状とスポーツパフォーマンスの改善に及ぼす新たな心理学的支援の構築に繋がる基礎資料となることが期待でき，アスリートのメンタルヘルスの問題を含めてス

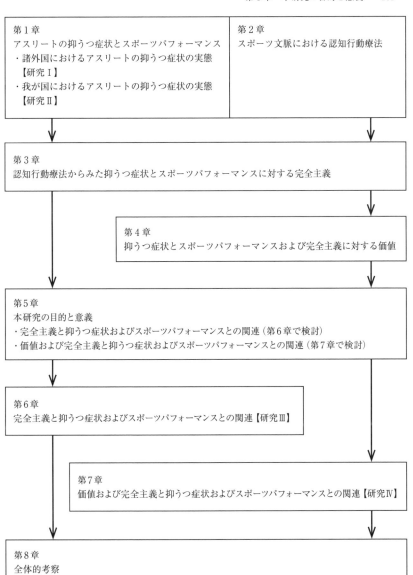

Figure 5-1. 本研究の構成

ポーツパフォーマンスを支援する全人的な支援に寄与すると考えられる。

第2節　本研究における用語の定義

本研究で用いる用語の定義を以下に示す。

完全主義

完全主義研究の牽引者であるStoeber（2012）による，「完全主義は，パフォーマンスに対して非常に高い基準を設定する，欠点のないように努力する，そして自分の行動を過度に批判的に評価するといった特徴を有するパーソナリティである」という定義を踏襲しつつ，近年の研究動向を踏まえ完全主義を認知変数として捉える（小堀・丹野，2004）。

価値

Wilson et al.（2010）による，「価値は，自由に選択されるものであり，継続的で動的で進化的な行動パターンを言語で構築した結果であり，価値ある行動パターンそれ自体に従事することに際立つ強化子を確立するもの」という定義を用いる。

抑うつ症状

抑うつ症状は，DSM‐5（American Psychiatric Association, 2013）のうつ病を構成する症状とする。

第6章　完全主義と抑うつ症状および
スポーツパフォーマンスとの関連

第1節　完全主義が抑うつ症状およびスポーツパフォーマンスに
及ぼす影響（研究Ⅲ）

目　的

　本節では，完全主義が抑うつ症状とパフォーマンスに及ぼす影響を共分散構造分析に基づいて検討することを目的とする。

　なお，本研究では完全主義認知に着目する。パーソナリティとしての完全主義は，治療抵抗が強く低減させづらい一方で，完全主義認知は，治療感受性をより高められることが期待されている（小堀・丹野, 2004）。小堀・丹野（2004）は，認知臨床心理学の知見を援用し，完全主義スキーマから，完全主義認知を生じるという関係性を想定し，「高目標設置」，「ミスへのとらわれ」，「完全性追求」の3つの下位因子から構成される多次元完全主義認知尺度を開発した。高目標設置は適応的な完全主義，ミスへのとらわれは不適応的な完全主義にそれぞれ分類可能であり，完全性追求は高目標設置よりも適応的ではなく，ミスへのとらわれよりも不適応的ではない，高目標設置とミスへのとらわれの中間的な機能を持つとされる（Stoeber, Kobori, & Brown, 2014）。

方　法

調査対象者および手続き

　調査対象者は，関東，関西，および北陸地方の大学に所属する大学生アスリート183名（男性145名，女性35名，その他1名，未記入2名，平均年齢=19.28歳，

106

$SD=1.04$歳）であった。競技成績の向上を目的とした運動系クラブに所属する大学生を対象とした。

　質問紙調査は，2020年12月および2021年 4 月から 5 月に，講義の開始前または終了後，および縁故法による協力者に対して，Web調査に繋がるURLまたはQRコードが提示され，実施された。調査開始に際しては，研究の目的，調査の回答は任意であり，未回答であっても成績などの不利益を被ることはないこと，個別データは守秘されること，開始後いつでも離脱可能であることを回答前に画面で明示し，これに同意することを表明する承認ボタンを押下することで調査は開始された。なお本研究は，著者の所属機関の研究倫理委員会より承認され，実施された。

調査内容

　フェイス項目　性別，学年，年齢についてたずねた。

　競技関連項目　所属するクラブ名，競技経験年数，および競技レベルについてたずねた。競技レベルは，大学入学以降に出場した最も上位の大会について，①国際大会，②全国大会，③地区ブロック大会，④県（都，道，府）以下の大会，⑤出場していない，から回答を求めた。

　完全主義認知　小堀・丹野（2004）の開発した多次元完全主義認知尺度を使用した。多次元完全主義認知尺度は，「高目標設置」，「ミスへのとらわれ」，「完全性追求」の 3 下位尺度，各 5 項目から構成されている。過去 1 週間にこれらの認知が浮かぶ頻度を「全くなかった 0 日 (1)」から「いつもあった6 − 7 日 (4)」までの 4 件法で回答を求めた。構成概念妥当性と基準連関妥当性が確認されている。

　抑うつ症状　Rush, Trivedi, Ibrahim, Carmody, Arnow, Klein, Markowitz, Ninan, Kornstein, Manber, Thase, Kocsis, & Keller（2003）の開発した自己記入式簡易抑うつ尺度の日本語版（日本語版QIDS-SR）（藤澤・中川・田島・佐渡・菊地・射場・渡辺・山口・舳松・衛藤・花岡・吉村・大野，2010）を使用した。

日本語版QIDS-SRは，DSM-Ⅳの大うつ病エピソードの診断基準に対応した合計16項目から構成され，各項目に対して0-3点で自己評価する。合計点は27点であり，点数が高いほど，抑うつ症状の重症度は高いと判断される。内的一貫性および併存的妥当性が確認されている。

スポーツパフォーマンス Josefsson, Ivarsson, Gustafsson, Stenling, Lindwall, Tornberg, & Böröy(2019) を参考に，過去2週間の練習パフォーマンスについて，「とても悪い(0)」から「とても良い(10)」の11件法で回答を求めた。スポーツパフォーマンスの自己評定は，異なる競技種目に所属するアスリートのスポーツパフォーマンスを，同一指標で測定するうえで重要視されている (Hasker, 2010)。

結 果

分析対象者

調査対象者のうち，記入漏れや記入ミスの認められた者を除く165名（男性131名，女性31名，その他1名，未記入2名，平均年齢19.32歳，SD=1.03歳，有効回答率90.2%）を分析対象者とした。競技経験年数は，平均10.08年，SD=3.61年であった。分析対象者の特徴をTable 6-1に示した。

記述統計量と各変数間の相関係数

各尺度の記述統計量と相関係数をTable 6-2に示す。完全主義認知の各下位尺度と抑うつ症状およびパフォーマンスとの相関係数を見ると，ミスへのとらわれは，抑うつ症状（r=.322, p<.001）との間に有意な正の相関が，またパフォーマンス（r=-.249, p=.001）との間に有意な負の相関が認められた。完全性追求は抑うつ症状（r=.238, p=.002）との間に有意な正の相関が認められた。

Table 6-1
Characteristics of participants (N=165)

		n	%
Year of college	Freshman	60	36.36
	Sophomore	86	52.12
	Junior	11	6.66
	Senior	7	4.24
	Not reported	1	0.61
Club	Baseball	61	36.97
	Soccer	25	15.15
	Athletics	25	15.15
	Judo	13	7.88
	Canoeing	7	4.24
	Kendo	7	4.24
	Volleyball	6	3.64
	Karate	3	1.82
	Weightlifting	2	1.21
	Rowing	2	1.21
	Hockey	2	1.21
	Archery	1	0.61
	American football	1	0.61
	Golf	1	0.61
	Skating	1	0.61
	Softball	1	0.61
	Rugby	1	0.61
	Lacrosse	1	0.61
	Swimming	1	0.61
	Gymnastics	1	0.61
	Other	3	1.82
Competition level	International	0	0
	National	45	27.27
	Regional	45	27.27
	Prefectural	20	12.12
	Not participated	55	33.33

第6章　完全主義と抑うつ症状およびスポーツパフォーマンスとの関連　109

Table 6-2

Correlations of Perfectionism, Depression, and Practice Performance

Variable	Mean	SD	Correlation			
			1	2	3	4
1. Personal Standards	11.19	4.14				
2. Concern over Mistakes	10.61	4.13	.499***			
3. Pursuit of Perfection	9.48	3.76	.672***	.681***		
4. Depression	5.64	5.01	.033	.322***	.238**	
5. Practice Performance	5.22	2.36	.134	− .249**	.002	− .177*

*p<.05, **p< .01, ***p<.001.

完全主義認知と抑うつ症状およびパフォーマンスの共分散構造分析

　共分散構造分析によって，完全主義認知と抑うつ症状およびパフォーマンスとの関連を検討した。先行研究の知見に基づいて，完全主義認知の3つの下位尺度から，抑うつ症状とパフォーマンスにパスを設定した（Figure 6 - 1）。加えて，抑うつ症状とパフォーマンスの誤差相関を設定した。このモデルに基づいて変数間の関連を検討したところ，完全性追求から抑うつ症状（β =.194, p=.095）とパフォーマンス（β =.146, p=.203）へのパスが有意ではなかった。また，抑うつ症状とパフォーマンスにおける誤差間の共分散は有意ではなかった（r= − .06, p=.427）。そのため完全性追求および抑うつ症状とパフォーマンスの誤差相関を削除して再度分析し，Figure 6 - 2 のモデルが得られた。モデルの適合度は，GFI=.998, AGFI=.981, CFI=1.000, RMSEA=.000であり，十分な値を得られた。抑うつ症状には，高目標設置（β = −.17, p=.044）が負の影響を及ぼしており，ミスへのとらわれ（β =.41, p<.001）が正の影響を及ぼしていた。パフォーマンスには，高目標設置（β =.34, p<.001）が正の影響を及ぼしており，ミスへのとらわれ（β = −.42, p<.001）が負の影響を及ぼしていた。次に，完全主義の両側面が共に高い者が高いパフォーマンスを示したStoll et al.（2008）の知見に基づいて，Figure 6 - 2 のモデルに，高目標設置とミスへのとらわれによる交互作用項を追加し，このモデルの変数間の関連を探索的に検討した。その結果，交互

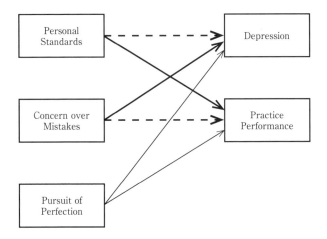

Figure 6-1. Hypothetical model for this study. Solid lines indicate expected positive relationships, dashed lines indicate expected negative relationships, and thin lines indicate unclear relationships.

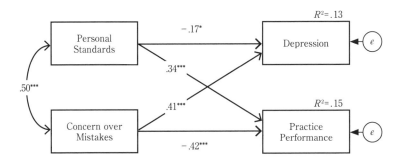

Figure 6-2. Relationship between perfectionist cognition and depressive symptoms and practice performance.
GFI=.998, AGFI=.981, CFI=1.000, RMSEA=.000
*$p<.05$, ***$p<.001$.

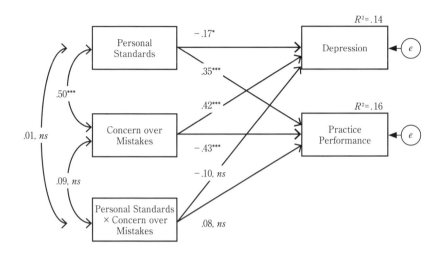

Figure 6-3. Relationship between the personal standards perfectionism × concern over mistakes perfectionism interaction and depressive symptoms and performance.
GFI=.999, AGFI=.983, CFI=1.000, RMSEA=.000
*p<.05, ***p<.001.

作用項から抑うつ症状（β=−.10, p=.154）とパフォーマンス（β=.08, p=.248）へのパスは有意ではなかった（Figure 6-3）。以上よりFigure 6-2を最終モデルとした。

考　察

　本研究の目的は，大学生アスリートを対象として，抑うつ症状とパフォーマンスに及ぼす完全主義の影響を共分散構造分析に基づいて検討することであった。その結果，①高目標設置は，抑うつ症状を抑制し，パフォーマンスを促進する，②ミスへのとらわれは，抑うつ症状を促進し，パフォーマンスを抑制することが示唆された。

　高目標設置は，抑うつ症状を抑制し，パフォーマンスを促進することが示唆された。この結果は，適応的な完全主義が，抑うつ症状を抑制するとした

先行研究（McGrath et al., 2012），および高いパフォーマンスと関連するとした先行研究（Stoeber et al., 2009）をそれぞれ支持する結果であった。ミスへのとらわれは，抑うつ症状を促進し，パフォーマンスを抑制することが示唆された。この結果は，不適応的な完全主義が，抑うつ症状を促進するとした先行研究（McGrath et al., 2012；Sherry et al., 2014）を支持するものであった。また不適応的な完全主義が，パフォーマンスを抑制することに関しては，本研究における新たな知見として位置づけられる。

　完全主義とパフォーマンスとの関連は，スポーツ以外の領域でも検討されている。Stoeber（2012）は，完全主義とパフォーマンスとの関連を展望するなかで学業成績との関連にも触れている。ここでは適応的な完全主義は，学業成績と正の関連を示す一貫した知見が得られているとする一方で，不適応的な完全主義は，いくつかの研究では学業成績と負の関連が示唆されるものの，ほとんどの研究で有意な負の関連は認められないと指摘している。本研究の結果から，完全主義は学業成績のみならずスポーツパフォーマンスとの関連も認められると言うことができる。

　本研究で得られた結果より，アスリートの抑うつ症状とパフォーマンスの双方の改善を目的とした完全主義に基づく心理学的支援の実践的示唆を見い出すことができる。不適応的な完全主義の低減は，抑うつ症状を抑制しパフォーマンスを促進する可能性がある。不適応的な完全主義に対しては，思考記録表や日誌などを用いて（Shafran & Mansell, 2001），行動の問題を生起し維持する完全主義的な思考を案出し，より柔軟な思考へと変容を促す認知再構成法が提案されている（Lloyd, Schmidt, Khondoker, & Tchanturia, 2015；Ong, Lee, Krafft, Terry, Barrett, Levin, & Twohig, 2019）。また，完全主義的な思考の妥当性を検証する行動実験，完全主義的な行動の改善を図る暴露反応妨害法を用いるなどのアプローチを用いることが指摘されている（Shafran & Mansell, 2001）。

　一方で，適応的な完全主義の促進は，抑うつ症状を抑制し，パフォーマン

スを促進する可能性がある。適応的な完全主義の促進に向けたアプローチとしては，目標設定技法が一翼を担う可能性があると考えられる。具体的には，現実的で段階的な目標の設定と達成後の強化が介入例である。しかしながら，適応的な完全主義は，不適応的な完全主義へと機能を変える可能性が指摘されている（Kobori & Tanno, 2005）。そのため適応的な完全主義の促進が不適応的な側面をも促進することが懸念される。たとえば，重要な大会で「優勝する」ことを目標設定し，この高い目標の達成に向けて努力することが，「優勝できなかったらどうしよう」「ミスするかもしれない」という思考が優位になることが想定される。これらのことを考慮すれば，不適応的な完全主義の低減を中心とした介入に重点を置くことが肝要であると推察される。

　最後に，本研究の限界点について述べる。本研究で採用したパフォーマンスは，過去2週間を回顧した練習パフォーマンスを11段階で自己評定する主観的な情報に頼るものであった。この自己評定は，異なるスポーツ種目のパフォーマンスを統制できる利点があった。しかしながら完全主義が競技において重要な実測値としてのパフォーマンスに及ぼす効果の検証は残された課題である。今後はトライアスロン大会の主催者から提供を受けた公式記録と完全主義との関連を検討したStoeber et al.（2009）を参考に，特定種目の競技結果に及ぼす完全主義の効果を検討する必要がある。また本研究は横断調査であることから，因果の推論を行うことはできない。今後は，ユースサッカー選手を対象に3ヵ月の期間を空けた調査を2回行い完全主義と抑うつ症状との関連を検討したSmith et al.（2018）を参考に縦断調査を行うことで，より頑健な研究デザインに基づいて本研究で得られたモデルの精緻化を図る必要がある。

第2節　本章のまとめ

　アスリートのスポーツパフォーマンスは，メンタルヘルスの問題，特に抑

うつ症状への支援を含めて改善していく重要性が認識され始めている。本研究の目的は，アスリートの抑うつ症状とパフォーマンスに及ぼす完全主義の影響を共分散構造分析で検討することであった。大学生アスリート165名を対象に，完全主義，抑うつ症状，およびパフォーマンスを測定した。その結果，①適応的な完全主義は，抑うつ症状を抑制し，パフォーマンスを促進する，②不適応的な完全主義は，抑うつ症状を促進し，パフォーマンスを抑制することが示唆された。これらの結果から，抑うつ症状とスポーツパフォーマンスの改善のための完全主義に焦点を当てた心理学的支援の重要性を指摘することができる。適応的な完全主義の促進には，目標設定技法が支援策になる。しかしながら，適応的な完全主義は不適的な完全主義へと機能を変える可能性があるため，適応的な完全主義の促進が不適応的な完全主義をも高めることが懸念される。そのため不適応的な完全主義の低減を重視することが肝要である。不適応的な完全主義の低減には，たとえば思考の妥当性を検証する行動実験や完全主義的な行動の改善を目指す暴露反応妨害法を用いることが支援策になると考えられる。

第7章　価値および完全主義と抑うつ症状および
スポーツパフォーマンスとの関連

第1節　価値に沿う行動および完全主義が抑うつ症状および
スポーツパフォーマンスに及ぼす影響（研究Ⅳ）

目　的

本節では，共分散構造分析を用いて，言語的確立操作としての価値により生起する価値に沿う行動および完全主義が，抑うつ症状およびスポーツパフォーマンスに及ぼす影響を包括的に検討する。

方　法

調査対象者

調査対象者は，関東，甲信越，関西の各圏の大学運動部に所属するアスリート187名（男性43名，女性142名，未記入2名，平均年齢19.77歳，標準偏差1.10歳）であった。マネージャーなど実質的に競技活動を行っていない者は除外した。

調査手続き

質問紙調査は2021年2月から11月にWeb調査により実施された。調査は，研究目的，調査回答と離脱の任意性，および未回答であっても不利益を被らないことを示す文面が画面上に提示され，調査対象者が回答への同意を示す承認ボタンを押下することで開始された。本研究の手続きは，著者の所属機関の研究倫理委員会より承認されている。

調査内容

　フェイス項目　性別，学年，年齢についてたずねた。

　競技関連項目　所属クラブ名，競技レベル，競技経験年数についてたずねた。

　価値に沿う行動　「前進」および「障害」の2つの下位尺度から構成される日本語版 Valuing Questionnaire（VQ：土井・坂野・武藤・坂野，2017）を用いた。VQ は2つの下位尺度から構成され，「前進」尺度は個人的に重要なことを明確に自覚している程度を，「障害」尺度は価値に沿った生活が崩れている程度を測定する。本研究では，「前進」尺度は価値に沿う行動を反映しているとする吉川・武藤（2019）の指摘を参考に，「前進」尺度を用いることとした。「やる気を感じていなくても，自分の目標に向かって取り組んでいる」などの5項目に対して，過去1週間であてはまる程度を「あてはまらない(0)」から「あてはまる(6)」の7件法で回答を求めた。

　完全主義　多次元完全主義認知尺度（小堀・丹野，2004）を用いた。本尺度は本来，完全主義の認知を測定する尺度であるが，本研究では適応的および不適応的な完全主義に対応する下位尺度を持つ本尺度を使用することとした。多次元完全主義認知尺度は，「高目標設置」，「ミスへのとらわれ」，「完全性追求」の3つの下位尺度，各5項目から構成される。3つの下位尺度のうち，「高目標設置」は適応的な完全主義を，「ミスへのとらわれ」は不適応的な完全主義をそれぞれ反映したものとされることから（Stoeber et al., 2014），本研究ではこの2つの下位尺度を用いた。「高目標設置」（「目標は高いほどやりがいがある」や「高い基準を自分に課すことが大切だ」など）および「ミスへのとらわれ」（「ミスがあると，自分を責めたくなる」や「失敗したら，私の価値は下がるだろう」など）の10項目に対して，過去1週間で浮かぶ頻度を「全くなかった0日(1)」から「いつもあった6-7日(4)」の4件法で回答を求めた。なお，「完全性追求」には完全主義の適応的側面と不適応的側面が混在しているとされていることから（Stoeber et al., 2014），本研究では用いなかった。

第7章　価値および完全主義と抑うつ症状およびスポーツパフォーマンスとの関連　117

抑うつ症状　自己記入式簡易抑うつ尺度（Rush et al., 2003）の日本語版（日本語版QIDS-SR）を用いた（藤澤他，2010）。日本語版QIDS-SRは，アメリカ精神医学会の大うつ病性障害の診断基準に含まれる，抑うつ気分，集中困難，興味と喜びの消失といった抑うつ症状に関する16項目について過去1週間の状態を0点から3点で評価する尺度であり，得点が高いほど重症度が高いことを示す（藤澤他，2010）。

スポーツパフォーマンス　過去2週間の練習でのパフォーマンス状態について，「とても悪い(0)」から「とても良い(10)」の11件法で回答を求めた。

結　果

分析対象者

　分析対象者は，調査対象者のうち記入漏れや記入ミスの認められた者を除く159名（男性38名，女性120名，未記入1名，平均年齢19.81歳，標準偏差1.12歳，有効回答率85.03%）とした。競技経験年数は，平均9.96年，標準偏差3.56年であった。学年，所属クラブ名，および競技レベルをTable 7-1に示した。

記述統計量と相関係数

　各尺度の記述統計量と相関係数をTable 7-2に示した。価値に沿う行動は，抑うつ症状（$r=-.232$, $p=.003$）との間に有意な負の相関が，またスポーツパフォーマンス（$r=.228$, $p=.004$）との間に有意な正の相関が認められた。価値に沿う行動と完全主義との相関を見ると，価値に沿う行動は，高目標設置（$r=.488$, $p<.000$），ミスへのとらわれ（$r=.195$, $p=.014$）との間に有意な正の相関が認められた。完全主義と抑うつ症状およびスポーツパフォーマンスとの相関を見ると，ミスへのとらわれは，抑うつ症状（$r=.246$, $p=.002$）との間に有意な正の相関が，またスポーツパフォーマンス（$r=-.188$, $p=.018$）との間に有意な負の相関が認められた。抑うつ症状は，スポーツパフォーマンス（$r=-.236$, $p=.003$）との間に有意な負の相関が認められた。

Table 7-1
Participant characteristics (N = 159)

		n	%
Year of college	Freshman	57	35.85
	Sophomore	42	26.42
	Junior	41	25.79
	Senior	18	11.32
	Not reported	1	0.63
Club	Athletics	32	20.13
	Soccer	23	14.47
	Baseball	18	11.32
	Judo	16	10.06
	Softball	15	9.43
	Canoe	11	6.92
	Basketball	11	6.92
	Rhythmic gymnastics	10	6.29
	Handball	9	5.66
	Volleyball	5	3.14
	Dance	4	2.52
	Lacrosse	3	1.89
	Cheerleading	1	0.63
	Kyudo	1	0.63
Competition level	International	4	2.52
	National	50	31.45
	Regional	60	37.74
	Prefectural	21	13.21
	Not participated	24	15.09

第7章　価値および完全主義と抑うつ症状およびスポーツパフォーマンスとの関連　119

Table 7-2
Correlations of Values, Perfectionism, Depression, and Performance

Variable	Correlation				*Mean*	*SD*
	2	3	4	5		
1. Values_Progress	.488***	.195*	−.232**	.228**	17.36	5.65
2. Personal Standard		.501***	−.012	.135	11.75	4.30
3. Concern over Mistakes			.246**	−.188*	11.41	4.24
4. Depression				−.236**	5.46	4.13
5. Practice Performance					5.18	2.20

*p<.05, **p<.01, ***p<.001.

共分散構造分析による検討

　先行研究の知見に基づき，価値と完全主義が抑うつ症状とスポーツパフォーマンスに影響を及ぼすというモデルを設定し，共分散構造分析により検討した。なお，抑うつ症状はスポーツパフォーマンスとの間に有意な負の相関が認められたことから，両変数の誤差間に共変関係を設定した。分析の結果，有意ではないパスを削除して再度分析を繰り返し，最終的にFigure 7 - 1 のモデルを得た。モデルの適合度は，GFI=.993, AGFI=.950, CFI=.995, RMSEA=.045であり，データに適合したモデルであると判断した。

　スポーツパフォーマンスには，価値（β =.19, p=.025）および高目標設置（β =.21, p=.033）が有意な正のパスを示し，ミスへのとらわれ（β =.33, p<.001）が有意な負のパスを示した。抑うつ症状には，価値（β =.29, p<.001）が有意な負のパスを示し，ミスへのとらわれ（β =.30, p<.001）が有意な正のパスを示した。

　価値に沿う行動が高目標設置とミスへのとらわれをそれぞれ媒介してスポーツパフォーマンスに与える間接効果について，リサンプリング10,000回によるブートストラップ法を用いて分析したところ，間接効果は有意ではなかった（β =.04, p=.513）。ただし，価値に沿う行動がスポーツパフォーマンスに及ぼす総合効果については有意な正の効果が認められ（β =.228, p=.004），総合的にみると価値に沿う行動はスポーツパフォーマンスを高めることが示

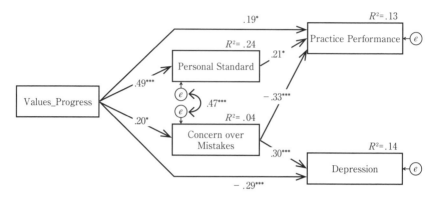

Figure 7-1. Relationship between values, perfectionism, sport performance and depressive symptoms.
GFI=0.993, AGFI=0.950, CFI=0.995, RMSEA=0.045
*p<.05, **p<.01, ***p<.001.

された。

　また価値に沿う行動がミスへのとらわれを媒介して抑うつ症状に与える間接効果について，リサンプリング10,000回によるブートストラップ法を用いて分析したところ，間接効果（β =.06, p=.040）は有意であった。このことから価値に沿う行動はミスへのとらわれを高め，ミスへのとらわれは抑うつ症状を増すという関係性が示された。しかしながら，価値に沿う行動が抑うつ症状に及ぼす総合効果については有意な負の効果が認められた（β = -.232, p=.006）。この結果から，価値に沿う行動がミスへのとらわれを媒介して抑うつ症状を増すという間接効果を考慮してもなお，総合的にみれば価値に沿う行動は抑うつ症状を弱めることが示唆された。

考　察

　本研究の目的は，大学生アスリートにおける価値に沿う行動および完全主義が抑うつ症状およびスポーツパフォーマンスに及ぼす影響を包括的に検討

することであった。これらの関係性を検討した結果，本研究で得られたモデルの適合度は，おおむね良好であった。この結果から，完全主義の機能の相違は，抑うつ症状やスポーツパフォーマンスに異なる影響を及ぼすことが明らかになっただけでなく，価値に沿う行動が直接的にあるいは異なる完全主義を媒介して抑うつ症状やスポーツパフォーマンスに影響を及ぼすことを明らかにできた点で新たな知見を提供できたものと考えられる。すなわち本研究の結果から，①価値に沿う行動は抑うつ症状を抑制し，スポーツパフォーマンスを促進する，②ミスへのとらわれは抑うつ症状を促進する，③高目標設置はスポーツパフォーマンスを促進し，ミスへのとらわれはスポーツパフォーマンスを抑制する，そして④価値に沿う行動は高目標設置とミスへのとらわれをともに促進することが示唆された。

　価値に沿う行動は抑うつ症状を抑制し，スポーツパフォーマンスを促進することが示唆された。この結果は，価値の明確化を含む手続きが抑うつ症状の低減（Bramwell & Richardson, 2018；Vowles & McCracken, 2008）とスポーツパフォーマンスの向上（Gross et al., 2018；Macdougall et al., 2019）に寄与するとした先行研究を支持するものであった。抑うつの行動理論では正の強化子の減少が抑うつ症状を生じさせ，正の強化子の増加が抑うつ症状を弱めると考えられている（Lejuez, Hopko, & Hopko, 2001）。言語的確立操作としての価値は，価値に沿う行動の生起頻度を高め，この行動の遂行に内在する正の強化子を頻回に得られた結果として，抑うつ症状は弱められると推察される。一方，価値の明確化によって競技の文脈が変わることが，スポーツパフォーマンスに好影響を及ぼすと考えられる。たとえば，サッカー選手への価値の明確化によって，練習や競技への従事行動が，大会に敗れる結果を避けるために生起していた文脈から，掲げた目標を達成する楽しみを得るために生起する文脈へと変化することが，高いスポーツパフォーマンスに繋がるものと推察される。また価値に沿う行動が練習行動として頻回に生起することで，スポーツパフォーマンスは行動形成されたと考えることもできる。

ミスへのとらわれは抑うつ症状を促進することが示唆された。この結果は
Moore et al.（2021）の研究を一部支持するものであった。Taranis & Meyer
（2010）は，運動行動には幾つかの異なる機能があるとしたうえで，嫌悪的
な私的出来事の低減の機能を持つ運動行動はメンタルヘルスの問題と関連
すると指摘している。具体的には，体重増加を懸念しカロリー消費のため
に行う運動行動は摂食障害症状と関連することが示唆されている（Taranis &
Meyer, 2010）。この知見を参照すれば，不適応的な完全主義に備わる嫌悪的
な私的出来事の低減の機能を持つ認知的活動や行動が，抑うつ症状を促進
する可能性がある。Slade & Owens（1998）は，完全主義の機能の相違によ
り同じ形態の行動であっても個人の感情状態は異なることを指摘している。
Bergman, Nyland, & Burns（2007）は，この指摘を支持し，不適応的な完全
主義は抑うつ症状と正の関連を示すが，適応的な完全主義は抑うつ症状と関
連しないことを指摘している。これらの知見を臨床像として例示すれば，新
体操アスリートにおいて，日常的に行うトレーニング行動は，それがコーチ
から見れば平時と変わらない行動であっても，アスリート自身が演技の失敗
への不安を掻き消すために行うものであれば，強い抑うつ症状を有すること
に繋がる可能性があると推察される。外見的には同一の行動は，機能の相違
により抑うつ症状を強めることが示唆される。一方，不適応的な完全主義に
は，先延ばし行動に見られるように回避や逃避といった行動を含む（Barlow
et al., 2016；Santanello & Gardner, 2007；Slade & Owens, 1998）。先延ばし行動な
ど回避や逃避による正の強化子を得る機会の減少が，結果として抑うつ症状
を促進すると考えることもできる。

　高目標設置はスポーツパフォーマンスを促進し，ミスへのとらわれはス
ポーツパフォーマンスを抑制することが示唆された。高目標設置のような適
応的な完全主義がスポーツパフォーマンスを促進するという結果は先行研究
（Hill et al., 2018；Mallinson-Howard et al., 2020）を支持するものであった。異な
る完全主義が，スポーツパフォーマンスに対して異なる影響を及ぼすこと

第7章　価値および完全主義と抑うつ症状およびスポーツパフォーマンスとの関連　　123

は，完全主義に備わる機能の相違によるものと考えられる。特定の高い目標の達成を目指す認知的活動や行動は，適応的な完全主義では肯定的な結果を得る機能を持ち，不適応的な完全主義では否定的な結果を避ける機能を持っていた（Slade & Owens, 1998）。たとえば陸上競技400m走で52秒00を達成する目標を設定した選手が，目標達成を「楽しみ」と捉えて練習する場合と，「達成できなかったらどうしよう」という嫌悪的な私的出来事を低減するために練習する場合とでは，練習行動の形態は同一であっても，前者の方がより高いスポーツパフォーマンスに繋がる働きを持つことを示唆している。

　価値に沿う行動は高目標設置のみならずミスへのとらわれも促進することが示唆された。本研究の仮説としては，言語的確立操作としての価値により生起する価値に沿う行動が適応的な完全主義を促進し，不適応的な完全主義を抑制するという随伴性を想定した。仮説と異なり，価値に沿う行動が不適応的な完全主義を促進した理由は，価値が嫌悪的な私的出来事の出現を阻止するルールとして機能した可能性が考えられる。杉山他（1998）は，三項随伴性を言語的に記述したルールは，ルールに従わないことを弱化子とする確立操作に繋がることを指摘している。たとえば「観客に笑顔を与えたい」という価値は，行動の遂行自体に強化子が内在する価値に沿う行動を生起すると考えられる。しかしながら，杉山他（1998）の言及を参照すると，この随伴性をタクトした以降は，価値に沿う行動以外の行動をとることにより，不安や焦りなどの嫌悪的な私的出来事を生じる可能性がある。そのため，この制御下で生じるルール支配行動は弱化子出現の阻止の原理により生起する。不適応的な完全主義は，負の強化の機能を持つ認知的活動や行動であった（Slade & Owens, 1998）。このことから不適応的な完全主義は，いずれ生じる不安などの嫌悪的な私的出来事の出現を阻止する原理で生起すると考えられ，価値に沿う行動はミスへのとらわれを促進すると推察される。

　価値に沿う行動はミスへのとらわれを促進することが示唆されてもなお価値を明確にすることには意義がある。本研究の結果から，価値に沿う行動は

高目標設置を促進するだけでなく，抑うつ症状を促進しスポーツパフォーマンスを抑制するミスへのとらわれをも高める二面性があった。そのため価値に沿う行動がミスへのとらわれを媒介して，抑うつ症状とスポーツパフォーマンスをそれぞれ悪化させる懸念がある。しかしながら総合効果を参照すると，価値に沿う行動はミスへのとらわれを促進する否定的な影響以上に，抑うつ症状を低減しスポーツパフォーマンスを促進する効果のあることが示唆された。

　本研究の結果より，アスリートの抑うつ症状とスポーツパフォーマンスの双方の改善に向けた価値および完全主義に対する心理学的支援の有用性を指摘できる。適応的な完全主義に対しては，現実的で具体的な目標設定と目標達成後の強化の手続きが支援策となる。不適応的な完全主義に対しては，行動の問題と関連する完全主義的な思考を，思考自体として認識するための手がかりを与える脱フュージョンを提案できる（Bach & Moran, 2008　武藤・吉岡・石川・熊野監訳，2009）。また，価値を明確化することには意義がある。アスリートを対象とした価値の明確化には，自分自身の認知的活動や行動が価値に沿うものである否かを視覚的に理解するACTマトリックス（Schwabach et al., 2019）や，価値に沿う行動への気づきを高めるバリューコンパス（Henriksen, 2019）がある。これらの介入が，アスリートの抑うつ症状とスポーツパフォーマンスの双方の改善に寄与しうると考えられる。

　本研究の限界点と今後の課題を示す。1つ目として，本研究は横断調査であるため因果の推論については言及できない。今後は縦断調査により，本研究で得られたモデルを精緻化する必要がある。2つ目として，本研究のスポーツパフォーマンスは，過去2週間の練習パフォーマンスの自己評定であった。この自己評定は多様なスポーツ種目を同一基準で評価するうえで有益だが，アスリートにとって重要な競技パフォーマンスを指標とはしていない。今後は，たとえば陸上競技など種目を限定したうえで競技結果を利用する，スポーツパフォーマンスの課題分析（杉山他，1998）を指標とするなど，

自己評定と併用可能な指標を検討する必要がある。最後に本研究のサンプル
サイズは，分析対象者が159名であり十分とは言えない。今後はサンプルサ
イズを増やした検討が求められる。

第2節　本章のまとめ

　本研究の目的は，大学生アスリートの価値に沿う行動と完全主義が抑うつ
症状とスポーツパフォーマンスに及ぼす影響を検討することであった。大学
生アスリート187名を対象に，Valuing Questionnaireの「前進」尺度，多次
元完全主義認知尺度の「高目標設置」尺度と「ミスへのとらわれ」尺度，自
己記入式簡易抑うつ尺度，およびスポーツパフォーマンスの自己評定への回
答を求めた。共分散構造分析の結果，完全主義の「ミスへのとらわれ」は，
抑うつ症状を促進し，スポーツパフォーマンスを低減する一方で，「高目標
設置」は，スポーツパフォーマンスを促進することが示唆された。また価値
に沿う行動の「前進」はスポーツパフォーマンスを促進し，抑うつ症状を低
減することが示された。本研究の結果から，価値の明確化と完全主義への介
入が抑うつ症状とスポーツパフォーマンスを改善する可能性が示唆された。

第8章　全体的考察

第1節　本研究の結果のまとめ

　本節では，各章において示された結果を概括する。第1章では，アスリートの抑うつ症状について概観した後に，アスリートの抑うつ症状が競技生活に与える影響について触れた。研究Ⅰでは，国内外で実施されたCES-Dを測度とするアスリートの抑うつ症状の実態調査に関する研究動向を展望した。その結果，①調査実施の主要国はアメリカである，②調査対象とされたアスリートは，競技種目と競技レベルにおいて多様であり，一部脳震盪や怪我を有するアスリートを含む，③調査対象者の平均年齢は10代後半から20代である，④CES-Dの基準点以上の割合の範囲は10.6%から53.0%である，⑤CES-Dの基準点以上の割合と年齢あるいは性別との関連性はいずれも認められない，⑥プロアスリートにおけるCES-Dの基準点以上の割合は，ユースアスリートおよび大学生アスリートよりも低いといった点が明らかとなった。

　研究Ⅱは，我が国における大学生アスリートの抑うつ症状の分布と基準点以上の割合，抑うつ症状と怪我およびスポーツパフォーマンス停滞との関連を明らかにすることを目的として実施された。大学生アスリート368名を対象に，CES-Dによる抑うつ症状，怪我の経験と怪我に伴う活動停止期間，スポーツパフォーマンス停滞の経験とその期間を横断調査した。その結果，大学生アスリートの約3名に1名がCES-Dの基準点である16点を超える抑うつ症状を経験していた。怪我，スポーツパフォーマンスおよび各期間は，抑うつ症状と有意な関連は見られなかった。

第2章では，認知行動療法とスポーツパフォーマンスについて展望した。臨床心理学分野における認知行動療法は，第一世代から第三世代までの歴史的変遷を遂げてきているとされる。この変遷に伴いスポーツパフォーマンスに適用される心理的スキルトレーニングのアプローチも変化してきていることを概説した。第一世代の認知行動療法では，主に目に見える行動である顕在的行動の変容に焦点を当てるアプローチが取られてきた。アスリートのスポーツパフォーマンスを標的行動として直接的な変容対象とすることで，パフォーマンス向上を目指してきた。第二世代の認知行動療法では，行動の表出には認知が介在するという理論的立場をとる認知理論の隆盛を歴史的背景として，アスリートの認知を変容することでスポーツパフォーマンスを改善しようとするアプローチがとられるようになってきた。しかしながら第二世代の認知行動療法で行われたきた認知の変容は，必ずしもスポーツパフォーマンスの改善に寄与しないこと，加えて，認知の変容に焦点を当てることが不快な思考や感情を増幅されるというリバウンド効果が認められることが指摘されるようになった。第三世代の認知行動療法では，第二世代の認知行動療法のこれらの問題への対処方略として，思考の機能に着目し，思考を非判断的に観察する対応が取られるようになってきた。認知行動療法の変遷は，心理的スキルトレーニングの代表的な技法であるセルフトーク技法にも影響を及ぼしていることから，各世代に対応するセルフトーク技法についても概説した。

第3章では，抑うつ症状とスポーツパフォーマンスに対する完全主義について触れた。まず完全主義の定義を述べた。多次元構造として捉えられる完全主義は，近年，適応あるいは不適応という異なる2つの性質に基づいて分類可能であるとされており，これらの研究を概観した。次に，完全主義と抑うつ症状およびスポーツパフォーマンスとの関連をそれぞれ検討した研究を概観し，抑うつ症状およびスポーツパフォーマンスに及ぼす完全主義の想定される作用機序について言及した。最後に認知行動療法の視点から完全主義

にアプローチする手法について述べた。

第4章では，ACTにおける価値について概説した。まず価値の定義を述べ，アスリートを対象とした価値の明確化の手続きについて紹介した。続いて，価値と抑うつ症状およびスポーツパフォーマンスとの関係を整理した。最後に，価値が完全主義，抑うつ症状およびスポーツパフォーマンスに及ぼす想定される作用機序について言及した。

第5章では，アスリートにおける完全主義および価値という視点から，抑うつ症状およびスポーツパフォーマンスを改善するうえで第1章から第4章にかけて概観した先行研究の解決すべき問題点を整理した。この問題点は，①完全主義が抑うつ症状およびスポーツパフォーマンスに及ぼす影響について包括的な検討は行われていない，②ACTにおける価値および完全主義が，抑うつ症状およびスポーツパフォーマンスに及ぼす影響について包括的な検討は行われていないという2点であった。この問題点の解決に向けた本研究の意義について言及した。

第6章では，研究Ⅲとして，アスリートの完全主義が抑うつ症状およびスポーツパフォーマンスに及ぼす影響を共分散構造分析で検討した。大学生アスリート165名を対象に，完全主義，抑うつ症状，およびスポーツパフォーマンスを測定した。その結果，①適応的な完全主義は，抑うつ症状を抑制し，スポーツパフォーマンスを促進すること，②不適応的な完全主義は，抑うつ症状を促進し，スポーツパフォーマンスを抑制することが示唆された。

第7章では，研究Ⅳとして，ACTにおける価値および完全主義が，抑うつ症状およびスポーツパフォーマンスに及ぼす影響を検討した。大学生アスリート187名を対象に，価値に沿う行動，完全主義，抑うつ症状およびスポーツパフォーマンスを測定した。共分散構造分析の結果，①不適応的な完全主義は抑うつ症状を促進し，スポーツパフォーマンスを抑制する，②適応的な完全主義はスポーツパフォーマンスを促進することが示唆された。一方で，③価値に沿う行動は適応的な完全主義と不適応的な完全主義を促進する

二面性を有する可能性が示唆されたものの，総合的にみれば価値に沿う行動は抑うつ症状を抑制し，スポーツパフォーマンスを促進することが示唆された。

第2節　本研究の学術的示唆

本研究では，完全主義およびACTにおける価値が，アスリートの抑うつ症状およびスポーツパフォーマンスに及ぼす影響について検討した。本節では，本研究の学術的示唆について述べる。

第1に，完全主義が抑うつ症状のみならずスポーツパフォーマンスに対して関連することを示した点には意義がある。研究Ⅲでは，適応的な完全主義は，抑うつ症状を抑制し，スポーツパフォーマンスを促進する一方で，不適応的な完全主義は，抑うつ症状を促進し，スポーツパフォーマンスを抑制するという結果を得られた。従来の完全主義に関する研究では，完全主義と抑うつ症状との関連，および完全主義とスポーツパフォーマンスとの関連について，それぞれ単独で検討されてきた。本研究は，これらの要因間の関係を包括的に検討したことで，完全主義のもつ新たな機能を捉えることができた点で意義があると考えられる。

第2に，価値および完全主義が抑うつ症状およびスポーツパフォーマンスに対して関連することを示した点には意義がある。研究Ⅳでは，完全主義を行動分析学における認知的活動や行動として捉え，確立操作としての価値により生起する価値に沿う行動が，直接的にあるいは完全主義を介して抑うつ症状およびスポーツパフォーマンスに影響を及ぼすという随伴性を想定した。この結果，価値に沿う行動は，①抑うつ症状を抑制し，スポーツパフォーマンスを促進する，②適応的な完全主義を介してスポーツパフォーマンスを促進するという結果を得られた。従来，完全主義は，パーソナリティとして，あるいは近年では状況に応じて生じる認知として捉える立場があっ

た。パーソナリティとしての完全主義は操作が難しい特性として位置づけられていた。また認知としての完全主義は認知それ自体を操作対象としてきた。研究Ⅳでは，完全主義を行動分析学における認知的活動や行動として捉えることで，完全主義に影響を及ぼす価値という変数に着目できた。価値が適応的な完全主義のみならず不適応的な完全主義を高める二面性がある点に配慮する必要はあるものの，価値の明確化の手続きを用いる支援は，抑うつ症状およびスポーツパフォーマンスの双方の改善に寄与する新たな心理学的支援として期待できる。

　以上より，本研究では，抑うつ症状およびスポーツパフォーマンスに関連することが個別の研究で示唆されていながらも，従来までには異なる文脈で進められてきた完全主義の研究を価値という要因を含めて包括的に検討したことによって，アスリートの価値および完全主義が抑うつ症状およびスポーツパフォーマンスの改善に寄与することが示唆された。ここで得られた知見は，新たな心理学的支援に繋がるものと考えられる。

第3節　本研究の実践的示唆

　本節では，本研究の結果から推察される実践的示唆について言及する。本研究から得られた知見は，アスリートの抑うつ症状およびスポーツパフォーマンスの双方を支援するうえで重要な意義を持つ。従来，アスリートへの心理学的支援として確立されてきた心理的スキルトレーニングは，スポーツパフォーマンスの改善に重きが置かれてきた。しかしながら，アスリートのメンタルヘルスの問題に関心が向けられ始めた昨今の情勢に鑑みると，スポーツパフォーマンスのみならずメンタルヘルスの問題の改善に寄与する全人的な心理学的支援が求められるようになってきている。本研究は，従来の心理的スキルトレーニングにメンタルヘルスの改善を加えた現代の潮流に合致する包括的な支援に繋がる可能性がある。

アスリートへの心理学的支援の具体的な支援者としては，①スポーツパフォーマンスの向上を主眼とする心理学の専門家やメンタルヘルスの問題の改善を主眼する心理学の専門家，あるいは②コーチングスタッフやアスレティックトレーナーなどのアスリートを取り巻く関係者を想定できる。以下では，心理学の専門家およびアスリートを取り巻く関係者が行うアスリートへの心理学的支援について言及する。

心理学の専門家の提供する支援としては，以下2つの工夫点が求められる。第1に，目標設定技法を用いる際には，価値の明確化の手続きを含めることが重要である。目標設定はアスリートの行動形成を促進する有益な技法である（吉澤，2016）。従来の研究から，目標の効果的な設定方法が提案されている。すなわち，①パフォーマンスの遂行結果であり社会的比較であるアウトカム目標（たとえば全国大会で優勝する），パフォーマンスの遂行結果であり個人内基準であるパフォーマンス目標（たとえばサーブの成功率を50％から60％に改善する），およびパフォーマンス遂行中の行動を示すプロセス目標（たとえばサーブ時に肘を高く上げて打つ）という異なる水準の目標を設ける，②短期的，中期的，長期的という時間軸を設ける，③具体的，現実的，測定可能で，期限付きであることが重要であるとされる（Kingston & Hardy, 1997；McCarthy et al., 2010；Weinberg, 2013）。しかしながら，これらの目標設定技法には，アスリートが進むべき方向性としての価値については触れられていない。本研究の結果から，価値に沿う行動は，抑うつ症状およびスポーツパフォーマンスの改善に寄与することが示唆されたことから，目標設定技法を用いる際には価値の明確化の手続きを含めることが重要である。

第2に，不適応的な完全主義であるミスへのとらわれを低減するための介入は不可欠である。本研究の結果から，価値の明確化は，スポーツパフォーマンスおよび抑うつ症状を改善する利点がある一方で，ミスへのとらわれをも高めてしまう課題点も示唆された。ミスへのとらわれの認知面および行動面の表現型としては，認知面では「失敗したらどうしよう」「ミスをする自

分は惨めだ」という思考を生じることが考えられ，行動面では失敗を恐れて何度も繰り返す反復練習を行うと考えられる。いずれにしても失敗への恐怖を回避するために行われる不適応的な完全主義の機能が認められる。具体的な対応例としては，アスリートとの会話やアスリートの書く日誌あるいは行動観察から，ミスへのとらわれの機能を持つ言動を認められたとすれば，ミスへのとらわれに伴う不快な認知や感情から一定の距離を置いて非判断的に観察するマインドフルネスや脱フュージョンなどの介入が想定される。また不快な認知に焦点を当てて，その妥当性を検討する行動実験を行うことや，アスリートの置かれた状況に相応する柔軟な認知にしていく認知再構成法を用いることも考えられる。

　アスリートを取り巻く関係者の提供する支援としては，以下2つの工夫点が求められる。1つ目としては，価値の明確化を促すアスリートとのコミュニケーションが重要である。たとえば，ACTマトリックスをミーティングルームやアスレティックトレーナーの常駐する壁に掲げ，時機を見てアスリートの回避行動を特定し，価値に沿う行動を促進することが考えられる。またミーティングなどで指導者自身が価値を明言することは，アスリートが価値の明確化を行う際のモデルになると考えられる。さらに指導者は，大会時に緊張した表情を浮かべるアスリートに対して，「緊張することは当然の反応である」ことを伝え，大会という環境下で「思うようなパフォーマンスを発揮できることもあれば，もしかしたら思うようなパフォーマンスを発揮できない可能性がある」なかで「どういう自分でありたいか」と問うことは，アスリートが自身の価値を再確認する機会を提供することに繋がるものと考えられる。

　2つ目としては，アスリートのスポーツパフォーマンス上の「ミス」に対する指導者の言動に留意することは重要である。アスリートのスポーツパフォーマンス上の「ミス」を指導者の叱責により低減しようとする嫌子出現による弱化による指導法は，アスリートのミスに対する懸念を増大させる可

能性がある。アスリートのスポーツパフォーマンス上の「ミス」に対しては，例えば，当該のスポーツパフォーマンスを構成要素に分類（課題分析）したうえで，正しく遂行できた場合の称賛と，誤って遂行した場合のフィードバックを組み合わせて提供することが，嫌子出現による弱化に代わる強化を用いた指導法となりうる。国内外で行われる大会で連戦する多忙なアスリートにとって，心理学的支援に割く時間は限定的であることが予想される。アスリートを取り巻く関係者の日常の指導を含めた関わり方の工夫が，抑うつ症状のみならずスポーツパフォーマンスの双方を改善できる時間的に効率的な介入として位置づけることが可能である。

　第3期スポーツ基本計画では，アスリートのスポーツパフォーマンスの向上のみならず，メンタルヘルスの向上を行う重要性が指摘されている（文部科学省，2022）。本研究で得られた結果は，現代のアスリートの問題を包括的に支援する我が国が進むべき方向性の一翼を担うものと考えられる。

第4節　本研究の限界と今後の課題

　第4節では，本研究の限界と今後求められる課題を述べる。本研究の限界と課題は，①横断調査による限界，②アスリートを対象とした不適応的な完全主義の低減を図るプログラムの開発，③アスリート版完全主義尺度の開発の3点を指摘できる。

　1点目として，本研究は横断調査に基づくものであり，因果の推論にまでは言及できない点は今後取り組むべき課題である。本研究では，横断調査に基づく共分散構造分析により，以下2つの関係を包括的に検討した。すなわち，①完全主義が抑うつ症状およびスポーツパフォーマンスに及ぼす影響，および②価値に沿う行動および完全主義が抑うつ症状およびスポーツパフォーマンスに及ぼす影響である。これらの研究の結果，適応的な完全主義はスポーツパフォーマンスを促進し，不適応的な完全主義は抑うつ症状を促

進しスポーツパフォーマンスを抑制することが示唆された。また価値に沿う行動は，抑うつ症状を抑制しスポーツパフォーマンスを促進することが示唆された。しかしながら，これらの結果は横断調査に基づくものである。今後は，縦断調査を行うことで，本研究で得られたモデルの精緻化を図る必要がある。

　２点目として，不適応的な完全主義の低減に向けた介入と価値の明確化の効果について言及できない点は今後の課題点である。本研究の結果から，①不適応的な完全主義は抑うつ症状を促進し，スポーツパフォーマンスを抑制する，②価値は，抑うつ症状を抑制し，スポーツパフォーマンスを促進するという２点が示唆された。このことから不適応的な完全主義の低減と価値の明確化を目指すことのできる介入が期待される。しかしながら，横断調査に基づく本研究からは，不適応的な完全主義の低減と価値の明確化による抑うつ症状およびスポーツパフォーマンスの改善効果にまでは言及できない。今後は，たとえばアスリートを対象とした完全主義に焦点を当てた介入研究（Donachie & Hill, 2022）や，価値の明確化を取り入れた介入研究（Schwanhausser, 2009）を参考にプログラム開発を行い，アスリートの抑うつ症状とスポーツパフォーマンスの改善に及ぼすプログラムの効果検証が求められる。

　３点目として，我が国において利用可能な完全主義を測定する尺度には課題が残る。本研究では，小堀・丹野（2004）の作成した多次元完全主義認知尺度を用いてアスリートの完全主義を測定した。この尺度は，完全主義の認知を測定する有益な尺度であり，アスリートという属性の有無を問わず広く一般を対象として用いることができる。一方で，アスリートが直面する競技場面で生じる完全主義を捉えることのできる尺度を整備することには意義がある。この理由は，完全主義は日常生活のあらゆる場面で生じるものではなく，特定領域において高まるものであることが想定されているからである（小堀・丹野，2004）。アスリートの完全主義は学習場面と比較してスポーツ競

技場面においてより高まるとされ，競技場面における完全主義を捉える重要性が指摘されている（Dunn et al., 2011）。このことから，たとえば「コーチの要求に対して過度に高い基準で応えようとする」などの項目を含むスポーツ競技場面におけるアスリートの完全主義を測定できる尺度を，一般向けに開発された尺度と併用することには意義があるものと考えられる。

　第3章でも触れたように，アスリートを対象とした完全主義を捉える尺度にはSport-Multidimensional Perfectionism Scale（Sport-MPS）（Dunn et al., 2002）などがある。我が国においても諸外国で広く使用されているアスリートの完全主義を把握できる尺度を活用できれば，諸外国で行われている介入研究を我が国との文化間比較に基づいて検討できると推察される。今後はたとえばSport-MPS（Dunn et al., 2002）の日本語版を作成し，アスリートの完全主義に関する研究をより進展させていくことが期待される。

引 用 文 献

Allison, M. G., & Ayllon, T. (1980). Behavioral coaching in the development of skills in football, gymnastics, and tennis. *Journal of Applied Behavior Analysis, 13,* 297-314.

American Psychiatric Association (2000). *Diagnostic and statistical manual of mental disorders (4th ed.) Text Revision (DSM-Ⅳ-TR).* Washington, DC : American Psychiatric Association.

American Psychiatric Association (2013). *Diagnostic and statistical manual of mental disorders (5th ed.).* Washington, DC : American Psychiatric Association.

Anderson, G., & Kirkpatrick, M. A. (2002). Variable effects of a behavioral treatment package on the performance of inline roller speed skaters. *Journal of Applied Behavior Analysis, 35,* 195-198.

安生 祐治・山本 淳一 (1991). 硬式野球におけるスローイング技能の改善――行動的コーチングの効果の分析―― 行動分析学研究, *6,* 3-22.

Appaneal, R. N., Levine, B. R., Perna, F. M., & Roh, J. L. (2009). Measuring postinjury depression among male and female competitive athletes. *Journal of Sport and Exercise Psychology, 31,* 60-76.

Araki, K., Mintah, J. K., Mack, M. G., Huddleston, S., Larson, L., & Jacobs, K. (2006). Believe in self-talk and dynamic balance performance. *Athletic Insight, 8,* 1 -12.

有冨 公教・外山 美樹 (2017). スポーツ競技自動思考尺度の作成および妥当性の検討――競技中に生じる思考の個人差の理解に向けて―― スポーツ心理学研究, *44,* 105-116.

有冨 公教・外山 美樹 (2019). 運動技能の遂行において生じる思考の内容と機能の検討――機能的文脈主義に基づいた研究アプローチの有用性について―― 体育学研究, *64,* 315-334.

Bach, P. A., & Moran, D. J. (2008). *ACT in practice:Case conceptualization in acceptance and commitment therapy. New Harbinger Publications.* (バッハ, P. A. & モラン, D. J. 武藤 崇・吉岡 昌子・石川 健介・熊野 宏昭 (監訳) (2009). ACT(アクセプタンス&コミットメント・セラピー) を実践する 星和書店)

Bandura, A.（1977）. Self-efficacy : Toward a unifying theory of behavioral change. *Psychological Review, 84*, 191-215.

Barker, J., McCarthy, P., Jones, M., & Moran, A.（Eds.）.（2011）. *Single-case research methods in sport and exercise psychology*. Oxon : Routledge.

Barlow, D. H., Allen, L. B., & Choate, M. L.（2016）. Toward a unified treatment for emotional disorders : Republished article. *Behavior Therapy, 47*, 838-853.

Baron, D. A., Baron, S. H., & Foley, T.（2009）. Cognitive and behavioral therapy in depressed athletes. In : Christodoulou, G., Jorge, M., & Mezzich, J. E.（Eds）, *Advances in Psychiatry : Third Volume*（pp.61-74）. Athens : Beta Medical Publishers.

Barrett, K., O'Connor, M., & McHugh, L.（2019）. A systematic review of values-based psychometric tools within acceptance and commitment therapy（ACT）. *Psychological Record, 69*, 457-485.

Beck, A. T.（1964）. Thinking and depression : II. Theory and therapy. *Archives of General Psychiatry, 10*, 561-571.

Beck, A. T.（2005）. The current state of cognitive therapy : A 40-year retrospective. *Archives of General Psychiatry, 62*, 953-959.

Beck, A. T., Steer, R. A., Ball, R., & Ranieri, W. F.（1996）. Comparison of Beck Depression Inventories-IA and -II in Psychiatric Outpatients. *Journal of Personality Assessment, 67*, 588-597.

Beck, J. S.（1995）. Cognitive Therapy:Basics and Beyond. New York:The Guilford Press.（ベック, J, S. 伊藤 絵美・神村 栄一・藤澤 大介（訳）（2005）. 認知療法実践ガイド基礎から応用まで――ジュディス・ベックの認知療法テキスト――星和書店）

Bell, R. J., Skinner, C. H., & Fisher, L. A.（2009）. Decreasing putting yips in accomplished golfers via solution-focused guided imagery : A single-subject research design. *Journal of Applied Sport Psychology, 21*, 1-14.

Benjamin, C. L., Puleo, C. M., Settipani, C. A., Brodman, D. M., Edmunds, J. M., Cummings, C. M., & Kendall, P. C.（2011）. History of cognitive-behavioral therapy in youth. Child and Adolescent Psychiatric *Clinics of North America, 20*, 179-189.

Bergan, J. R., & Kratochwill, T. R.（1990）. *Behavioral consultation and therapy*. New York : Plenum.

引用文献　139

Bergman, A. J., Nyland, J. E., & Burns, L. R. (2007). Correlates with perfectionism and the utility of a dual process model. *Personality and individual differences, 43*, 389-399.

Bieling, P. J., Israeli, A. L., & Antony, M. M. (2004). Is perfectionism good, bad, or both? Examining models of the perfectionism construct. *Personality and individual differences, 36*, 1373-1385.

Blackledge, J. T., & Drake, C. E. (2013). Acceptance and commitment therapy: Empirical and theoretical considerations. In S. E. Dymond & B. E. Roche. (Eds.), *Advances in relational frame theory: Research and application* (pp. 219 - 252). Oakland, CA: New Harbinger Publications.

Blodgett, J.M., Lachance, C.C., Stubbs, B. Co, M., Wu, Y., Prina, M., & Cosco, T. D. (2021). A systematic review of the latent structure of the Center for Epidemiologic Studies Depression Scale (CES-D) amongst adolescents. *BMC Psychiatry, 21*, 197.

Boyer, E., Miltenberger, R. G., Batsche, C., & Fogel, V. (2009). Video modeling by experts with video feedback to enhance gymnastics skills. *Journal of Applied Behavior Analysis, 42*, 855-860.

Bramwell, K., & Richardson, T. (2018). Improvements in depression and mental health after acceptance and commitment therapy are related to changes in defusion and values-based action. *Journal of contemporary psychotherapy, 48*, 9-14.

Brobst, B., & Ward, P. (2002). Effects of public posting, goal setting, and oral feedback on the skills of female soccer players. *Journal of Applied Behavior Analysis, 35*, 247-257.

Burns, D. D. (1980). The perfectionist's script for self-defeat. *Psychology Today, 14*, 34-52.

Butler, A. C., Chapman, J. E., Forman, E. M., & Beck, A. T. (2006). The empirical status of cognitive-behavioral therapy : A review of meta-analyses. *Clinical Psychology Review, 26*, 17-31.

Clark, D. M. (1986). A cognitive approach to panic. *Behaviour Research and Therapy, 24*, 461-470.

Craft, L. L., Magyar, T. M., Becker, B. J., & Feltz, D. L. (2003). The relationship between the competitive state anxiety inventory- 2 and sport performance : A meta-analysis. *Journal of Sport and Exercise Psychology, 25,* 44-65.

Deen, S., Turner, M. J., & Wong, R. S. (2017). The effects of REBT, and the use of credos, on irrational beliefs and resilience qualities in athletes. *Sport Psychologist, 31,* 249-263.

De Petrillo, L. A., Kaufman, K. A., Glass, C. R., & Arnkoff, D. B. (2009). Mindfulness for long-distance runners : An open trial using Mindful Sport Performance Enhancement (MSPE). *Journal of Clinical Sport Psychology, 3,* 357-376.

Dewitt, D. J. (1980). Cognitive and biofeedback training for stress reduction with university athletes. *Journal of Sport Psychology, 2,* 288-294.

Didymus, F. F., & Fletcher, D. (2017). Effects of a cognitive-behavioral intervention on field hockey players' appraisals of organizational stressors. *Psychology of Sport and Exercise, 30,* 173-185.

Dimidjian, S., Barrera, M. Jr., Martell, C., Munoz, R. F., & Lewinsohn, P. M. (2011). The origins and current status of BA treatments for depression. *Annual Review of Clinical Psychology, 7,* 1-38.

Doherty, S., Hannigan, B., & Campbell, M. J. (2016). The experience of depression during the careers of elite male athletes. *Frontiers in psychology, 7,* 1069.

土井 理美・坂野 朝子・武藤 崇・坂野 雄二 (2017). 日本語版 Valuing Questionnaire (VQ) の信頼性と妥当性の検証 行動療法研究, *43,* 83-94.

Donachie, T. C., & Hill, A. P. (2022). Helping soccer players help themselves : Effectiveness of a psychoeducational book in reducing perfectionism. *Journal of Applied Sport Psychology, 34,* 564-584.

Donahue, J. A., Gillis, J. H., & King, K. (1980). Behavior modification in sport and physical education : A review. *Journal of Sport Psychology, 2,* 311-328.

Douilliez, C., & Lefèvre, F. (2011). Interactive effect of perfectionism dimensions on depressive symptoms : A reply to Gaudreau and Thompson (2010). *Personality and Individual Differences, 50,* 1147-1151.

銅島 裕子・田中 輝美 (2013). 気晴らしを中心とした認知行動療法の効果——うつ病を対象とした無作為化比較試験—— 行動療法研究, *39,* 13-22.

Dunn, J. G. H., Causgrove Dunn, J., & Syrotuik, D. G. (2002). Relationship between multidimensional perfectionism and goal orientations in sport. *Journal of Sport and Exercise Psychology, 24,* 376-395.

Dunn, J. G. H., Craft, J. M., Dunn, J. C., & Gotwals, J. K. (2011). Comparing a

引用文献　141

domain-specific and global measure of perfectionism in competitive female figure skaters. *Journal of Sport Behavior, 34*, 25-46.

Egan, S. J., & Shafran, R. (2018). Cognitive-behavioral treatment of perfectionism. In J. Stoeber (Ed.), *The psychology of perfectionism* (pp.284-305). New York : Routledge.

Egan, S. J., Wade, T. D., & Shafran, R. (2011). Perfectionism as a transdiagnostic process : A clinical review. *Clinical Psychology Review, 31*, 203-212.

Egan, S. J., Wade, T. D., Shafran, R., & Antony, M. M. (2016). Cognitive-behavioral treatment of perfectionism. In S. J. Egan, T. D. Wade, R. Shafran, & M. M. Antony (Eds.), *The cognitive-behavioral model of perfectionism and collaborative formulation* (pp.103-121). New York : Guilford Publications.

Ellis, A. (1957). Rational psychotherapy and individual psychology. Journal of Individual Psychology, 13, 38-44.

Fletcher, L., & Hayes, S. C. (2005). Relational frame theory, acceptance and commitment therapy, and a functional analytic definition of mindfulness. *Journal of Rational-Emotive & Cognitive-Behavior Therapy, 23*, 315-336.

Flett, G. L., Hewitt, P. L., Demerjian, A., Sturman, E. D., Sherry, S. B., & Cheng, W. (2012). Perfectionistic automatic thoughts and psychological distress in adolescents:An analysis of the Perfectionism Cognitions Inventory. Journal of Rational-Emotive & Cognitive-Behavior Therapy, 30, 91-104.

Forman, E. M., Herbert, J. D., Moitra, E., Yeomans, P. D., & Geller, P. A. (2007). A randomized controlled effectiveness trial of acceptance and commitment therapy and cognitive therapy for anxiety and depression. *Behavior Modification, 31*, 772-799.

Frost, R. O., Marten, P., Lahart, C., & Rosenblate, R. (1990). The dimensions of perfectionism. *Cognitive Therapy and Research, 14*, 449-468.

藤澤 大介・中川 敦夫・田島 美幸・佐渡 充洋・菊地 俊暁・射場 麻帆・渡辺 義信・山口 洋介・舳松 克代・衞藤 里沙・花岡 素美・吉村 公雄・大野 裕（2010）．日本語版自己記入式簡易抑うつ尺度（日本語版QIDS-SR）の開発　ストレス科学, *25*, 43-52.

深町 花子・荒井 弘和・石井 香織・岡 浩一朗（2017）．スポーツパフォーマンス向上のためのアクセプタンスおよびマインドフルネスに基づいた介入研究のシステマティックレビュー　行動療法研究, *43*, 61-69.

深町 花子・石井 香織・荒井 弘和・岡 浩一朗（2016）. 大学生アーチェリー選手のパフォーマンス向上へのアクセプタンス＆コミットメント・セラピー適用事例　行動療法研究, *42*, 413-423.

深町 花子・石井 香織・岡 浩一朗（2017）. 青年期アスリートを対象としたメンタルヘルスの実態把握および心理的援助へのニーズの解明　2017年度笹川スポーツ研究助成研究成果報告書, 314-318.

Galloway, J., & Sheridan, S. M. (1994). Implementing scientific practices through case studies : Examples using home-school interventions and consultation. *Journal of School Psychology, 32*, 385-413.

Gardner, F. L., & Moore, Z. E. (2004). A mindfulness-acceptance-commitment-based approach to athletic performance enhancement : Theoretical considerations. *Behavior Therapy, 35*, 707-723.

Gardner, F. L., & Moore, Z. E. (2006). *Clinical sport psychology*. Champaign, IL : Human kinetics.

Gardner, F. L., & Moore, Z. E. (2007). The psychology of enhancing human performance : *The Mindfulness-Acceptance-Commitment (MAC) approach*. NY : Springer.

Glick, I. D., Stillman, M. A., Reardon, C. L., & Ritvo, E. C. (2012). Managing psychiatric issues in elite athletes. *Journal of Clinical Psychiatry, 73*, 640-644.

Gorczynski, P. F., Coyle, M., & Gibson, K. (2017). Depressive symptoms in high-performance athletes and non-athletes : A comparative meta-analysis. *British Journal of Sports Medicine, 51*, 1348-1354.

Gotwals, J. K., & Dunn, J. G. H. (2009). A multi-method multi-analytic approach to establish internal construct validity evidence : The Sport Multidimensional Perfectionism Scale 2. *Measurement in Physical Education and Exercise Science, 13*, 71-92.

Gouttebarge, V., Castaldelli-Maia, J. M., Gorczynski, P., Hainline, B., Hitchcock, M. E., Kerkhoffs, G. M.,Rice, S. M., & Reardon, C. L. (2019). Occurrence of mental health symptoms and disorders in current and former elite athletes : A systematic review and meta-analysis. *British Journal of Sports Medicine, 53*, 700-707.

Graham, A. R., Sherry, S. B., Stewart, S. H., Sherry, D. L., McGrath, D. S., Fossum, K. M., & Allen, S. L. (2010). The existential model of perfectionism and depressive symptoms : A short-term, four-wave longitudinal study. *Journal of Counseling Psychology, 57*, 423-438.

Greco, L. A., Lambert, W., & Baer, R. A. (2008). Psychological inflexibility in childhood and adolescence : Development and evaluation of the avoidance and fusion questionnaire for youth. *Psychological Assessment, 20*, 93-102.

Gross, M., Moore, Z. E., Gardner, F. L., Wolanin, A. T., Pess, R., & Marks, D. R. (2018). An empirical examination comparing the mindfulness-acceptance-commitment approach and psychological skills training for the mental health and sport performance of female student athletes. *International Journal of Sport and Exercise Psychology, 16*, 431-451.

Gulliver, A., Griffiths, K. M., & Christensen, H. (2012). Barriers and facilitators to mental health help-seeking for young elite athletes : A qualitative study. *BMC psychiatry, 12*, 157.

Gulliver, A., Griffiths, K. M., Mackinnon, A., Batterham, P. J., & Stanimirovic, R. (2015). The mental health of Australian elite athletes. *Journal of Science and Medicine in Sport, 18*, 255-261.

Guo, J., Yang, J., Yi, H., Singichetti, B., Stavrinos, D., & Peek-Asa, C. (2020). Differences in postinjury psychological symptoms between collegiate athletes with concussions and orthopedic injuries. *Clinical Journal of Sport Medicine, 30*, 360-365.

Hamilton, S. A., & Fremouw, W. J. (1985). Cognitive-behavioral training for college basketball free-throw performance. *Cognitive Therapy and Research, 9*, 479-483.

Hammond, T., Gialloreto, C. G., Kubas, H., & Davis IV, H. H. (2013). The prevalence of failure-based depression among elite athletes. *Clinical Journal of Sport Medicine, 23*, 273-277.

Harding, J. W., Wacker, D. P., Berg, W. K., Rick, G., & Lee, J. F. (2004). Promoting response variability and stimulus generalization in martial arts training. *Journal of Applied Behavior Analysis, 37*, 185-195.

Hasker, S. M. (2010). *Evaluation of the Mindfulness-Acceptance-Commitment (MAC) approach for enhancing athletic performance* (Doctoral Dissertation). Indiana University of Pennsylvania, Indiana.

Hatzigeorgiadisa, A., Galanisa, E., Zourbanosa, N., & Theodorakisa, Y. (2014). Self-talk and competitive sport performance. *Journal of Applied Sport Psychology, 26*, 82-95.

Hatzigeorgiadis, A., Theodorakis, Y., & Zourbanos, N. (2004). Self-talk in the swimming pool : The effects of self-talk on thought content and *performance on water-polo tasks. Journal of Applied Sport Psychology, 16*, 138-150.

Hatzigeorgiadis, A., Zourbanos, N., Galanis, E., & Theodorakis, Y. (2011). Self-talk and sports performance : A meta-analysis. *Perspectives on Psychological Science, 6*, 348-356.

Hayes, S. C. (2004a). Acceptance and commitment therapy, relational frame theory, and the third wave of behavioral and cognitive therapies. *Behavior Therapy, 35*, 639-665.

Hayes, S. C. (2004b). Acceptance and commitment therapy and the new behavior therapies : Mindfulness, acceptance, and relationship. In Hayes, S. C., Follette, V. M., & Linehan, M. M. (Eds.), *Mindfulness and acceptance : expanding the cognitive-behavioral tradition* (pp.1-29). NY : The Guilford Press.

Hayes, S. C., Luoma, J., Bond, F., Masuda, A., & Lillis, J. (2006). Acceptance and commitment therapy : Model, processes, and outcomes. *Behaviour Research and Therapy, 44*, 1-25.

Hayes, S. C., & Wilson, K. G. (1994). Acceptance and commitment therapy : Altering the verbal support for experiential avoidance. *Behavior Analyst, 17*, 289-303.

Hazen, A., Johnstone, C., Martin, G. L., & Srikameswaran, S. (1990). A videotaping feedback package for improving skills of youth competitive swimmers. *Sport Psychologist, 4*, 213-227.

Henriksen, K. (2019). The values compass : Helping athletes act in accordance with their values through functional analysis. *Journal of Sport Psychology in Action, 10*, 199-207.

Henriksen, K., Hansen, J., & Larsen, C. H. (2020). Mindfulness and acceptance in sport : How to help athletes perform and thrive under pressure. NY : Routledge.

Hewitt, P. L., & Flett, G. L. (1991). Perfectionism in the self and social contexts : Conceptualization, assessment, and association with psychopathology. *Journal of Personality and Social Psychology, 60*, 456-470.

Hill, A. P., & Donachie, T. (2020). Not all perfectionism cognitions are multidimensional : Evidence for the perfectionism cognitions inventory-10.

Journal of Psychoeducational Assessment, 38, 15-25.

Hill, A. P., Mallinson-Howard, S. H., & Jowett, G. E. (2018). Multidimensional perfectionism in sport : A meta-analytical review. *Sport, Exercise, and Performance Psychology, 7*, 235-270.

平澤 紀子 (2019). 機能的等価性 行動分析学会 (編) 行動分析学事典 (pp.536-539) 丸善出版

Hofmann, S. G. (2012). *An introduction modern CBT : Psychological solutions to mental health problems.* OX : Wiley-Blackwell. (ホフマン, S. G. 伊藤 正哉・堀越 勝 (訳) (2012). 現代の認知行動療法——CBT モデルの臨床実践—— 診断と治療社)

Hofmann, S. G., Asnaani, A., Vonk, I. J., Sawyer, A. T., & Fang, A. (2012). The efficacy of cognitive behavioral therapy : A review of meta-analyses. *Cognitive Therapy and Research, 36*, 427-440.

Hrycaiko, D., & Martin, G. L. (1996). Applied research studies with single-subject designs : Why so few ?. *Journal of Applied Sport Psychology, 8*, 183-199.

Hume, K. M., & Crossman, J. (1992). Musical reinforcement of practice behaviors among competitive swimmers. *Journal of Applied Behavior Analysis, 25*, 665-670.

Hume, K. M., Matin, G. L., Gonzalez, P., Cracklen, C., & Genthon, S. (1985). A self-monitoring feedback package for improving freestyle figure skating practice. *Journal of Sport Psychology, 7*, 333-345.

幾留 沙智・中本 浩揮・森 司朗・藤田 勉 (2017). スポーツ版自己調整学習尺度の開発 スポーツ心理学研究, *44*, 1-17.

Ingram, R. E., & Kendall, P. C. (1986). Cognitive clinical psychology : Implications of an information processing perspective. In R. E. Ingram (Ed.), *Information processing approaches to clinical psychology* (pp.3-21). Orlando : Academic Press.

石井 源信 (2001). キューワード法 石井 源信・杉原 隆 (編) メンタルトレーニング技法小事典 (pp. 887-895) 体育の科学

石川 信一・岩永 三智子・山下 文大・佐藤 寛・佐藤 正二 (2010). 社会的スキル訓練による児童の抑うつ症状への長期的効果 教育心理学研究, *58*, 372-384.

Jones, M. V. (2003). Controlling emotions in sport. Sport Psychologist, *17*, 471-486.

Jones, M. V., & Sheffield, D. (2007). The impact of game outcome on the well-being of athletes. *International Journal of Sport and Exercise Psychology, 5*, 54-65.

Josefsson, T., Ivarsson, A., Gustafsson, H., Stenling, A., Lindwall, M., Tornberg, R., & Böröy, J. (2019). Effects of Mindfulness-Acceptance-Commitment (MAC) on sport-specific dispositional mindfulness, emotion regulation, and self-rated athletic performance in a multiple-sport population : An RCT study. *Mindfulness, 10*, 1518-1529.

Juarascio, A. S., Forman, E. M., & Herbert, J. D. (2010). Acceptance and commitment therapy versus cognitive therapy for the treatment of comorbid eating pathology. *Behavior Modification, 34*, 175-190.

Junge, A., & Feddermann-Demont, N. (2016). Prevalence of depression and anxiety in top-level male and female football players. *BMJ Open Sport & Exercise Medicine, 2*, e000087.

門岡 晋・平田 勝士・菅生 貴之 (2013). 学生アスリートを対象とした唾液中コルチゾールによるストレス評価の基礎的検討——起床時コルチゾール反応に着目して—— 体力科学, *62*, 171-177.

加藤 哲文・大石 幸二 (2004). 特別支援教育を支える行動コンサルテーション——連携と協働を実現するためのシステムと技法—— 学苑社

Kaufman, K. A., Glass, C. R., & Arnkoff, D. B. (2009). Evaluation of Mindful Sport Performance Enhancement (MSPE) : A new approach to promote flow in athletes. *Journal of Clinical Sport Psychology, 3*, 334-356.

Kendall, G., Hrycaiko, D., Martin, G. L., & Kendall, T. (1990). The effects of an imagery rehearsal, relaxation, and self-talk package on basketball game performance. *Journal of Sport and Exercise Psychology, 12*, 157-166.

木村 晴 (2004). 望まない思考の抑制と代替思考の効果 教育心理学研究, *52*, 115-126.

Kingston, K. M., & Hardy, L. (1997). Effects of different types of goals on processes that support performance. Sport Psychologist, 11, 277-293.

Kladopoulos, C. N., & McComas, J. J. (2001). The effects of form training on foul-shooting performance in members of a women's college basketball team. *Journal of Applied Behavior Analysis, 34*, 329-332.

Kobori, O. (2007) Cognitive behavioural formulation for focal dystonia in a student athlete : A case report. *Behavioural and Cognitive Psychotherapy, 35*, 245-249.

小堀 修 (2011). 一月三舟でも要は GOAL——大学生アスリートの腰痛に対する認

知行動療法―― Medical Rehabilitation, *138*, 17-24.

小堀 修・丹野 義彦（2002）. 完全主義が抑うつに及ぼす影響の二面性――構造方程式モデルを用いて―― 性格心理学研究, *10*, 112-113.

小堀 修・丹野 義彦（2004）. 完全主義の認知を多次元で測定する尺度作成の試み パーソナリティ研究, *13*, 34-43.

Kobori, O., & Tanno, Y.（2005）. Self-oriented perfectionism and its relationship to positive and negative affect : The mediation of positive and negative perfectionism cognitions. *Cognitive Therapy and Research, 29*, 555-567.

Koop, S., & Martin, G. L.（1983）. Evaluation of a coaching strategy to reduce swimming stroke errors with beginning age-group swimmers. *Journal of Applied Behavior Analysis, 16*, 447-460.

Kuettel, A., Melin, A., Larsen, C. H., & Lichtenstein, M. B.（2021）. Depressive Symptoms in Danish Elite Athletes Using the Major Depressive Inventory （MDI） and the Center for Epidemiological Studies Depression Scale（CES-D）. *Scandinavian Journal of Sport and Exercise Psychology, 4,* 1-9.

熊野 宏昭（2012）. 新世代の認知行動療法 日本評論社

栗林 千聡・中村 菜々子・佐藤 寛（2018）. ジュニア選手の競技生活における自己陳述と競技不安との関連 認知療法研究, *11*, 195-205.

栗林 千聡・中津 昂太朗・佐藤 寛（2017）. 高校ラグビー選手におけるプレースキックスキルの行動的コーチングの効果 行動分析学研究, *32*, 51-60.

Lejuez, C. W., Hopko, D. R., & Hopko, S. D.（2001）. A brief behavioral activation treatment for depression : Treatment manual. *Behavior Modification, 25,* 255-286.

LeUnes, A.（2008）. *Sport psychology*（ 4 th ed.）. NY : Psychology Press.

Levis, B., Sun, Y., He, C., Wu, Y., Krishnan, A., Bhandari, P. M., Neupane, D., Imran, M., Brehaut, E., Negeri, Z., Fischer, F. H., Benedetti, A., & Thombs, B. D. （2020）. Accuracy of the PHQ-2 alone and in combination with the PHQ-9 for screening to detect major depression : Systematic review and meta-analysis. *JAMA, 323*, 2290-2300.

Lloyd, S., Schmidt, U., Khondoker, M., & Tchanturia, K.（2015）. Can psychological interventions reduce perfectionism? A systematic review and meta-analysis. *Behavioural and Cognitive Psychotherapy, 43*, 705-731.

Lundqvist, C.（2020）. Ending an elite sports career:Case report of behavioral activation applied as an evidence-based intervention with a former Olympic athlete developing depression. *Sport Psychologist, 34*, 329-336.

Lutkenhouse, J. M. (2007). The case of Jenny : A freshman collegiate athlete experiencing performance dysfunction. *Journal of Clinical Sport Psychology, 1*, 166-180.

Macdougall, H., O'Halloran, P., Sherry, E., & Shields, N. (2019). A pilot randomised controlled trial to enhance well-being and performance of athletes in para sports. *European Journal of Adapted Physical Activity, 12*, 8.

Mace, R., Eastman, C., & Carroll, D. (1986). Stress inoculation training : A case study in gymnastics. *British Journal of Sports Medicine, 20*, 139-141.

Malinowski, A. S., Breanna, L. V., & Atkinson, E. (2017). An investigation of vulnerability factors for depression. *Personality and Individual Differences, 107*, 126-130.

Mallinson-Howard, S, H., Madigan, D, J., & Jowett, G, E. (2020). A three-sample study of perfectionism and field test performance in athletes. *European Journal of Sport Science, 21*, 1045-1053.

Martin, G. L. (2011). *Applied sport psychology : Practical guidelines from behavior analysis* (4 th ed.). MB : Sport Science Press.

Martin, G. L., & Hrycaiko, D. (1983). Effective behavioral coaching : What's it all about? *Journal of Sport Psychology, 5*, 8-20.

Martin, G. L., & Pear, J. (2010). Behavior modification : *What it is and how to do it* (9 th ed.). BOS : Pearson Education.

Martin, G. L., & Thomson, K. (2011). Overview of behavioral sport psychology. In : Luiselli, J. K., & Reed, D. D. (Eds.), *Behavioral sport psychology : Evidence-based approaches to performance enhancement* (pp.3-21). NY : Springer.

Martin, G. L., Thompson, K., & Regehr, K. (2004). Studies using single-subject designs in sport psychology : 30 years of research. *Behavior Analyst, 27*, 263-280.

Martin, G. L., & Tkachuk, G. A. (2000). Behavioral sport psychology. In : Austin, J., & Carr, J. E. (Eds.), *Handbook of applied behavior analysis* (pp.399-422). NV : Context Press.

Martin, G. L., & Toogood, A. (1997). Cognitive and behavioral components of a seasonal psychological skills training program for competitive figure skaters.

Cognitive and Behavioral Practice, 4, 383-404.

Martin, G. L., Vause, T., & Schwartzman, L. (2005). Experimental studies of psychological interventions with athletes in competitions : Why so few? *Behavior Modification, 29*, 616-641.

松見 淳子 (1999). 行動療法の動向　精神療法, *25*, 296-306.

McArdle, S., & Moore, P. (2012). Applying evidence-based principles from CBT to sport psychology. *Sport Psychologist, 26*, 299-310.

McCarthy, P. J., Jones, M. V., Harwood, C. G., & Davenport, L. (2010). Using goal setting to enhance positive affect among junior multievent athletes. *Journal of Clinical Sport Psychology, 4*, 53-68.

McGrath, D. S., Sherry, S. B., Stewart, S. H., Mushquash, A. R., Allen, S. L., Nealis, L. J., & Sherry, D. L. (2012). Reciprocal relations between self-critical perfectionism and depressive symptoms : Evidence from a short-term, four-wave longitudinal study. *Canadian Journal of Behavioural Science, 44*, 169-181.

McKenzie, T. L., & Rushall, B. (1974). Effects of self-recording on attendance and performance in a competitive swimming training environment. *Journal of Applied Behavior Analysis, 7*, 199-206.

Meichenbaum, D. H. (1977). *Cognitive behaviour modification : An integrative approach*. NY : Plenum.

Mellalieu, S. D., Hanton, S., & O'Brien, M. (2006). The effects of goal setting on rugby performance. *Journal of Applied Behavior Analysis, 39*, 257-261.

蓑内 豊 (2016). モニタリング　日本スポーツ心理学会 (編)　スポーツメンタルトレーニング教本三訂版 (pp.71-75)　大修館書店

文部科学省 (2022). 第3期スポーツ基本計画文部科学省　Retrieved from https://www.mext.go.jp/sports/b_menu/sports/mcatetop01/list/1372413_00001.htm (2022年8月3日)

Moore, E., Holding, A. C., Moore, A., Levine, S. L., Powers, T. A., Zuroff, D. C., & Koestner, R. (2021). The role of goal-related autonomy : A self-determination theory analysis of perfectionism, poor goal progress, and depressive symptoms. *Journal of Counseling Psychology, 68*, 88-97.

Moore, Z. E. (2009). Theoretical and empirical developments of the Mindfulness-Acceptance-Commitment (MAC) approach to performance enhancement. *Journal of Clinical Sport Psychology, 3*, 291-302.

村松 公美子 (2014). Patient Health Questionnaire (PHQ-9, PHQ-15) 日本語版および Generalized Anxiety Disorder-7 日本語版——up to date—— 新潟青陵大学大学院臨床心理学研究, 7, 35-39.

Murphy, S. M., & Woolfolk, R. L. (1987) The effects of cognitive interventions on competitive anxiety and performance on a fine motor skill accuracy task. *International Journal of Sport Psychology, 18,* 152-166.

直井 愛里 (2017). 前十字靱帯再建術後の心理的反応とスポーツ復帰および心理的介入の効果 近畿大学心理臨床・教育相談センター紀要, 1, 13-20.

中村 有里・松見 淳子 (2009). 行動的コーチングによるハンドボールのシュートフォームの改善 行動分析学研究, 24, 54-58.

根建 金男・市井 雅哉 (1995). 認知行動療法の意義と課題——行動医学との関連から—— 行動医学研究, 2, 29-36.

根木 俊一・島宗 理 (2009). 行動的コーチングによる合気道の技の改善 行動分析学研究, 24, 59-65.

Newman, H. J. H., Howells, K. L., & Fletcher, D. (2016). The dark side of top level sport : An autobiographic study of depressive experiences in elite sport performers. *Frontiers in Psychology, 7,* 868.

Nixdorf, I., Frank, R., & Beckmann, J. (2015). An explorative study on major stressors and its connection to depression and chronic stress among German elite athletes. *Advances in Physical Education, 5,* 255-262.

Nixdorf, I., Frank, R., & Beckmann, J. (2016). Comparison of athletes' proneness to depressive symptoms in individual and team sports : Research on psychological mediators in junior elite athletes. *Frontiers in Psychology, 7,* 893.

Nixdorf, I., Frank, R., Hautzinger, M., & Beckmann, J. (2013). Prevalence of depressive symptoms and correlating variables among German elite athletes. *Journal of Clinical Sport Psychology, 7,* 313-326.

大石 幸二 (2016). 行動コンサルテーションに関するわが国の研究動向——学校における発達障害児の支援に関する研究と実践—— 特殊教育学研究, 54, 47-56.

岡 浩一朗・竹中 晃二・児玉 昌久 (1995). スポーツ傷害に関わる心理的問題に関する研究——受傷選手の心理的ストレスに対するソーシャル・サポートおよび自己効力感の影響—— 日本体育学会大会号, 46, 248.

岡島 義 (2013). 認知行動療法とは何か?——歴史的変遷をたどる—— 睡眠医療, 7, 124-129.

岡島 義・国里 愛彦・中島 俊・高垣 耕企（2011）．うつ病に対する行動活性化療法
　　——歴史的展望とメタ分析——　心理学評論, *54*, 473-488.

沖中 武・嶋崎 恒雄（2010）．自己記録と自己目標設定がソフトテニスのファースト
　　サービスの正確性に及ぼす効果　行動分析学研究, *24*, 43-47.

Ong, C. W., Lee, E. B., Krafft, J., Terry, C. L., Barrett, T. S., Levin, M. E., & Twohig, M. P.（2019）. A randomized controlled trial of acceptance and commitment therapy for clinical perfectionism. *Journal of Obsessive-Compulsive and Related Disorders, 22*, 100444.

小野 浩一（2005）．行動の基礎——豊かな人間理解のために——　培風館

大谷 佳子・桜井 茂（1995）．大学生における完全主義と抑うつ傾向および絶望感と
　　の関係 心理学研究, *66*, 41-47.

Pavlov, I. P.（1927）. Conditioned reflexes. LON : Oxford University Press.

Perkos, S., Theodorakis, Y., & Chroni, S.（2002）. Enhancing performance and skill acquisition in novice basketball players with instructional self-talk. *Sport Psychologist, 16*, 368-383.

Polk, K. L.（2014）. What the matrix is all about. In K.L. Polk & B. Schoendorff（Eds.）, *The ACT matrix : A new approach to building psychological flexibility across settings and populations*（pp.15-38）. Oakland, CA. New Harbinger Publications, Inc.

Prinz, B., Dvořák, J., & Junge, A.（2016）. Symptoms and risk factors of depression during and after the football career of elite female players. *BMJ Open Sport & Exercise Medicine, 2*, e000124.

Proctor, S. l., & Boan-Lenzo, C.（2010）. Prevalence of depressive symptoms in male intercollegiate student-athletes and nonathletes. *Journal of Clinical Sport Psychology, 4*, 204-220.

Radhu, N., Daskalakis, Z. J., Arpin-Cribbie, C. A., Irvine, J., & Ritvo, P.（2012）. Evaluating a web-based cognitive-behavioral therapy for maladaptive perfectionism in university students. *Journal of American College Health, 60*, 357-366.

Radloff, L. S.（1977）. The CES-D scale : a self-report depression scale for research in the general population. *Applied Psychological Measurement, 1*, 385-401.

Ramnerö, J & Törneke, N.（2008）. *The ABCs of human behavior : Behavioral principles for the practicing clinician.* CA : New Harbinger Publications.（ラン

メロ，J・トールネケ，N　武藤　崇・米山直樹（監訳）（2009）．臨床行動分析の ABC　日本評論社）

Reardon, C. L., Hainline, B., Aron, C. M., Baron, D., Baum, A. L., Bindra, A., Budgett, R., Campriani, N., Castaldelli-Maia, J. M., Currie, A., Derevensky, J. L., Glick, I. D., Gorczynski, P., Gouttebarge, V., Grandner, M. A., Han, D. H., McDuff, D., Mountjoy, M., Polat, A., …, & Engebretsen, L. (2019). Mental health in elite athletes : International Olympic Committee consensus statement (2019). *British Journal of Sports Medicine, 53,* 667-699.

Rice, S. M., Purcell, R., De Silva, S., Mawren, D., McGorry, P. D., & Parker, A. G. (2016). The mental health of elite athletes : A narrative systematic review. *Sports Medicine, 46,* 1333-1353.

Rogerson, L. J., & Hrycaiko, D. W. (2002). Enhancing competitive performance of ice hockey goaltenders using centering and self-talk. *Journal of Applied Sport Psychology, 14,* 14-26.

Roiger, T., Weidauer, L., & Kern, B. (2015). A longitudinal pilot study of depressive symptoms in concussed and injured / nonconcussed National Collegiate Athletic Association Division I student-athletes. *Journal of Athletic Training, 50,* 256-261.

Ruiz, F. J., & Luciano, C. (2012). Improving international-level chess players' performance with an acceptance-based protocol : Preliminary findings. *Psychological Record, 62,* 447-461.

Rush, D. B., & Ayllon, T. (1984). Peer behavioral coaching : Soccer. *Journal of Sport Psychology, 6,* 325-334.

Rush, A. J., Trivedi, M. H., Ibrahim, H. M., Carmody, T. J., Arnow, B., Klein, D. N., Markowitz, J. C., Ninan, P. T., Kornstein, S., Manber, R., Thase, M. E., Kocsis, J. H., & Keller, M. B. (2003). The 16-item quick inventory of depressive symptomatology (QIDS), clinician rating (QIDS-C), and self-report (QIDS-SR) : A psychometric evaluation in patients with chronic major depression. *Biological Psychiatry, 54,* 573-583.

Rushall, B. S., & Pettinger, J. (1969). An evaluation of the effect of various reinforcers used as motivators in swimming. *The Research Quarterly, 40,* 540-545.

Rushall, B. S., & Siedentop, D. (1972). *The development and control of behavior in sport and physical education.* PHL : Lea & Febiger.

坂本 真士（2002）．3 部抑うつに関連した研究と臨床 3 章抑うつ　下山 晴彦・丹野 義彦（編）　講座臨床心理学 4 異常心理学 II（pp.147-163）　東京大学出版会

坂本 真士・大野 裕（2005）．抑うつとは　坂本 真士・丹野 義彦・大野 裕（編）　抑うつの臨床心理学（pp.7-28）　東京大学出版会

桜井 茂男・大谷 佳子（1997）．"自己に求める完全主義"と抑うつ傾向および絶望感との関係　心理学研究, *68*, 179-186.

Santanello, A. W., & Gardner, F. L.（2007）. The role of experiential avoidance in the relationship between maladaptive perfectionism and worry. *Cognitive Therapy and Research, 31*, 319-332.

佐藤 寛（2013）．大学野球選手における心因性動作失調――野球の競技動作にみられる"イップス"の実態調査――　日本心理学会大会発表論文集, *77*, 1203.

佐藤 寛・今城 知子・戸ヶ崎 泰子・石川 信一・佐藤 容子・佐藤 正二（2009）．児童の抑うつ症状に対する学級規模の認知行動療法プログラムの有効性　教育心理学研究, *57*, 111-123.

佐藤 寛・石川 信一・下津 咲絵・佐藤 容子（2009）．子どもの抑うつを測定する自己評価尺度の比較――CDI，DSRS，CES-D のカットオフ値に基づく判別精度――児童青年精神医学とその近接領域, *50*, 307-317.

Scott, D., Scott, L. M., & Goldwater, B.（1997）. A performance improvement program for an international-level track and field athlete. *Journal of Applied Behavior Analysis, 30*, 573-575.

Scott, D., Scott, L. M., & Howe, B. L.（1998）. Training anticipation for intermediate tennis players. *Behavior Modification, 22*, 243-261.

Schenk, M., & Miltenberger, R.（2019）. A review of behavioral interventions to enhance sports performance. *Behavioral Interventions, 34*, 248-279.

Schwabach, J., Bartley, J., & Polk, K.（2019）. Sorting it out : A framework for increasing mental flexibility and valued action in athletes using the ACT matrix. *Journal of Sport Psychology in Action, 10*, 208-213.

Schwanhausser, L.（2009）. Application of the Mindfulness-Acceptance-Commitment（MAC）protocol with an adolescent springboard diver. *Journal of Clinical Sport Psychology, 3*, 377-395.

Sekizaki, R., Nemoto, T., Tsujino, N., Takano, C., Yoshida, C., Yamaguchi, T., Katagiri, N., Ono, Y., & Mizuno, M.（2019）. School mental healthcare services using internet-based cognitive behaviour therapy for young male athletes in Japan. *Early Intervention in Psychiatry, 13,* 79-85.

Shafran, R., & Mansell, W. (2001). Perfectionism and psychopathology : A review of research and treatment. *Clinical psychology review, 21,* 879-906.

Shapiro, E. S., & Shapiro, S. (1985). Behavioral coaching in the development of skills in track. *Behavior Modification, 9,* 211-224.

Sheridan, S. M. (1992). Consultant and client outcomes of competency-based behavioral consultation training. *School Psychology Quarterly, 7,* 245-270.

Sheridan, S. M., & Colton, D. L. (1994). Conjoint behavioral consultation : A review and case study. *Journal of Educational and Psychological Consultation, 5,* 211-228.

Sherry, S. B., Hewitt, P. L., Flett, G. L., & Harvey, M. (2003). Perfectionism dimensions, perfectionistic attitudes, dependent attitudes, and depression in psychiatric patients and university students. *Journal of Counseling Psychology, 50,* 373-386.

Sherry, S. B., Richards, J. E., Sherry, D. L., & Stewart, S. H. (2014). Self-critical perfectionism is a vulnerability factor for depression but not anxiety : A 12-month, 3-wave longitudinal study. *Journal of Research in Personality, 52,* 1-5.

島 悟・鹿野 達男・北村 俊則・浅井 昌弘 (1985). 新しい抑うつ性自己評価尺度について 精神医学, *27,* 717-723.

島宗 理・南 隆尚・岩島 彰代 (1997). 成人向け長距離泳訓練プログラムの開発とその評価 鳴門教育大学実技教育研究, *7,* 93-98.

下山 晴彦 (2013). 認知行動療法とは何か 下山晴彦 (編) 認知行動療法を学ぶ (pp. 14-33) 金剛出版

首藤 祐介・亀井 宗・唐渡 雅行 (2018). うつ病女性に対する臨床行動分析——夫婦関係の悩みを持つ女性に対して行動活性化療法およびアクセプタンス&コミットメント・セラピーを提供した症例研究—— 認知行動療法研究, *44,* 53-65.

Skinner, B. F. (1953). Some contributions of an experimental analysis of behavior to psychology as a whole. *American Psychologist, 8,* 69-78.

Slade, P. D., & Owens, R. G. (1998). A dual process model of perfectionism based on reinforcement theory. *Behavior Modification, 22,* 372-390.

Smith, E. P., Hill, A. P., & Hall, H. K. (2018). Perfectionism, burnout, and depression in youth soccer players : A longitudinal study. *Journal of Clinical Sport Psychology, 12,* 179-200.

Smith, P., Leeming, E., Forman, M., & Hayes, S. C. (2019). From form to function : Values and committed action strengthen mindful practices with context and direction. *Journal of Sport Psychology in Action. 10,* 227-234.

Smith, R. E., Schutz, R. W., Smoll, F. L., & Ptacek, J. T. (1995). Development and validation of a multidimensional measure of sport-specific psychological skills : The athletic coping skills inventory-28. *Journal of Sport and Exercise Psychology, 17,* 379-398.

Smith, M. M., Sherry, S. B., Ray, C., Hewitt, P. L., & Flett, G. L. (2021). Is perfectionism a vulnerability factor for depressive symptoms, a complication of depressive symptoms, or both? A meta-analytic test of 67 longitudinal studies. *Clinical Psychology Review,* 101982.

Smith, M. M., Sherry, S. B., Ray, C. M., Lee-Baggley, D., Hewitt, P. L., & Flett, G. L. (2020). The existential model of perfectionism and depressive symptoms:Tests of unique contributions and mediating mechanisms in a sample of depressed individuals. Journal of Psychoeducational Assessment, 38, 112-126.

Smith, S. L., & Ward, P. (2006). Behavioral interventions to improve performance in collegiate football. *Journal of Applied Behavior Analysis, 39,* 385-391.

Snaith, R. P., Ahmed, S. N., Mehta, S., & Hamilton, M. (1971). Assessment of the severity of primary depressive illness : Wakefield self-assessment depression inventory. *Psychological Medicine, 1,* 143-149.

添嶋 裕嗣・胸元 孝夫 (2018). 体育大学新入学生の睡眠の質に関連する要因 心身医学, *58,* 628-637.

園田 順一 (1997). スポーツと行動療法 心身医療, *9,* 312-314.

Stoeber, J. (2012). Perfectionism and performance. In S. M. Murphy (Ed.), *Oxford handbook of sport and performance psychology* (pp.294-306). NY : Oxford University Press.

Stoeber, J. (2018). The psychology of perfectionism : An introduction. In J. Stoeber (Ed.), *The psychology of perfectionism : Theory, research, applications* (pp. 3-16). OX : Routledge.

Stoeber, J., Kobori, O., & Brown, A. (2014). Examining mutual suppression effects in the assessment of perfectionism cognitions : Evidence supporting multidimensional assessment. *Assessment, 21*, 647-660.

Stoeber, J., & Madigan, D. J. (2016). Measuring perfectionism in sport, dance, and exercise : Review, critique, recommendations. In A. P. Hill (Ed.), *The psychology of perfectionism in sport, dance and exercise* (pp.31-56). London : Routledge.

Stoeber, J., & Otto, K. (2006). Positive conceptions of perfectionism : Approaches, evidence, challenges. *Personality and Social Psychology Review, 10*, 295-319.

Stoeber, J., Otto, K., Pescheck, E., Becker, C., & Stoll, O. (2007). Perfectionism and competitive anxiety in athletes : Differentiating striving for perfection and negative reactions to imperfection. *Personality and Individual Differences, 42*, 959-969.

Stoeber, J., Otto, K., & Stoll, O. (2004). Mehrdimensionales Inventar zu Perfektionismus im Sport (MIPS) [Multidimensional Inventory of Perfectionism in Sport (MIPS)]. In J. Stoeber, K. Otto, E. Pescheck, & O. Stoll, *Skalendokumentation "Perfektionismus im Sport"* (Hallesche Berichte zur Pädagogischen Psychologie Nr. 7). Halle/Saale, Germany : Martin Luther University of Halle-Wittenberg, Department of Educational Psychology.

Stoeber, J., Otto, K., & Stoll, O. (2006). *Multidimensional Inventory of Perfectionism in Sport (MIPS) : English version. School of Psychology*, University of Kent. (Unpublished).

Stoeber, J., Stoll, O., Pescheck, E., & Otto, K. (2008). Perfectionism and achievement goals in athletes : Relations with approach and avoidance orientations in mastery and performance goals. *Psychology of Sport and Exercise, 9*, 102-121.

Stoeber, J., Uphill, M. A., & Hotham, S. (2009). Predicting race performance in triathlon : The role of perfectionism, achievement goals, and personal goal setting. *Journal of Sport and Exercise Psychology, 31*, 211-245.

Stokes, J. V., & Luiselli, J. K. (2010). Functional analysis and behavioral coaching intervention to improve tackling skills of a high school football athlete. *Journal of Clinical Sport Psychology, 4*, 150-157.

Stokes, J. V., Luiselli, J. K., Reed, D. D., & Fleming, R. K. (2010). Behavioral coaching to improve offensive line pass-blocking skills of high school football athletes. *Journal of Applied Behavior Analysis, 43*, 463-472.

Stoll, O., Lau, A., & Stoeber, J. (2008). Perfectionism and performance in a new basketball training task : Does striving for perfection enhance or undermine performance? *Psychology of Sport and Exercise, 9,* 620-629.

Storch, E. A., Storch, J. B., Killiany, E. M., & Roberti, J. W. (2005). Self-reported psychopathology in athletes : A comparison of intercollegiate student-athletes and non-athletes. *Journal of Sport Behavior, 28,* 86-98.

杉山 尚子 (1987). コーチングにも活きる行動分析 武田建・柳敏晴共著「コーチングの心理学」 行動分析学研究, *1,* 50-53.

杉山 尚子 (1988). スポーツ行動分析 異常行動研究会誌, *27,* 6-17.

杉山 尚子・島宗 理・佐藤 方哉・マロット, R. W.・マロット, M. E.(1998). 行動分析学入門 産業図書

Suinn, R. M. (1972). Behavior rehearsal training for ski racers. *Behavior Therapy, 3,* 519-520.

Suinn, R. M. (1986). *Seven Steps to Peak Performance : The Mental Training Manual for Athletes.* Toronto : Hans Huber Publishers. (スイン, R. M. 園田順一 (訳) (1995). スポーツ・メンタルトレーニング――ピーク・パフォーマンスへの7段階―― 岩崎学術出版社)

Sullivan, M., Moore, M., Blom, L. C., & Slater, G. (2020). Relationship between social support and depressive symptoms in collegiate student athletes. *Journal for the Study of Sports and Athletes in Education, 14,* 192-209.

Tabei, Y., Fletcher, D., & Goodger, K. (2012). The relationship between organizational stressors and athlete burnout in soccer players. *Journal of Clinical Sport Psychology, 6,* 146-165.

高橋 史 (2017). 価値の明確化を伴う行動活性化手続きの産後うつ症状改善効果――症例報告―― 行動療法研究, *43,* 105-114.

高山 巌 (1978). 心身症の行動療法 上里一郎 (編) 行動療法 (pp.84-116) 福村出版

高山 智史・佐藤 寛 (2021). 専門ではない競技をどうコーチングするか 体育の科学, *71,* 123-127.

Taranis, L., & Meyer, C. (2010). Perfectionism and compulsive exercise among female exercisers : High personal standards or self-criticism? *Personality and Individual Differences, 49,* 3-7.

Theodorakis, Y., Weinberg, R., Natsis, P., Douma, I., & Kazakas, P. (2000). The effects of motivational versus instructional self-talk on improving motor performance. *Sport Psychologist, 14,* 253-272.

Tingaz, E. O., Solmaz, S., Ekiz, M. A., & Atasoy, M. (2022). The relationship between mindfulness and self-rated performance in student-athletes : The mediating role of depression, anxiety and stress. *Sport Sciences for Health*, 1-7.

Tkachuk, G., Leslie-Toogood, A., & Martin, G. L. (2003). Behavioral assessment in sport psychology. *Sport Psychologist, 17*, 104-117.

Tod, D., Hardy, J., & Oliver, E. (2011). Effects of self-talk : A systematic review. *Journal of Sport and Exercise Psychology, 33*, 666-687.

Tomitaka, S., Kawasaki, Y., & Furukawa, T. (2015). Right tail of the distribution of depressive symptoms is stable and follows an exponential curve during middle adulthood. *PLoS One, 10*, e0114624.

Törneke, N. (2010). *Learnig RFT : An introduction to relational frame theory and its clinical application.* Oakland, CA : New Harbinger Publications. (トールネケ, N. 武藤 崇・熊野宏昭 (監訳) (2013). 関係フレーム理論 (RFT) をまなぶ――言語行動理論・ACT (アクセプタンス＆コミットメント・セラピー) 入門―― 星和書店)

豊田 秀樹 (2012). 項目反応理論 [入門編] (第2版) 朝倉書店

Turner, M. J. (2016). Rational Emotive Behavior Therapy (REBT), irrational and rational beliefs, and the mental health of athletes. *Frontiers in psychology, 7*, 1423.

Turner, M. J., Slater, M. J., & Barker, J. B. (2014). Not the end of the world : The effects of rational-emotive behavior therapy (REBT) on irrational beliefs in elite soccer academy athletes. *Journal of Applied Sport Psychology, 26*, 144-156.

Vowles, K. E., & McCracken, L. M. (2008). Acceptance and values-based action in chronic pain : A study of treatment effectiveness and process. *Journal of Consulting and Clinical Psychology, 76*, 397-407.

Wada, K., Tanaka, K., Theriault, G., Satoh, T., Mimura, M., Miyaoka, H., & Aizawa, Y. (2007). Validity of the Center for Epidemiologic Studies Depression Scale as a screening instrument of major depressive disorder among Japanese workers. *American Journal of Industrial Medicine, 50*, 8-12.

Wegner, D. M. (1994). Ironic processes of mental control. *Psychological Review, 101*, 34-52.

Weigand, S., Cohen, J., & Merenstein, D. (2013). Susceptibility for depression in current and retired student athletes. *Sports Health, 5*, 263-266.

Weinberg, R. S. (2013) Goal setting in sport and exercise : Research and practical applications. *Revista da Educação Física/UEM, 24*, 171-179.

Weiner, R. K., Sheridan, S. M., & Jenson, W. R. (1998). The effects of conjoint behavioral consultation and a structured homework program on math completion and accuracy in junior high students. *School Psychology Quarterly, 13*, 281-309.

Whelan, J. P., Mahoney, M. J., & Meyers, A. W. (1991). Performance enhancement in sport : A cognitive behavioral domain. *Behavior Modification, 22*, 307-327.

Wilkinson, L. A. (2007). Assessing treatment integrity in behavioral consultation, *International Journal of Behavioral Consultation and Therapy, 3*, 420-432.

Wilson, K. G., Sandoz, E. K., Kitchens, J., & Roberts, M. (2010). The valued living questionnaire : Defining and measuring valued action within a behavioral framework. *Psychological Record, 60*, 249-272.

Wolanin, A., Gross, M., & Hong, E. (2015). Depression in athletes : Prevalence and risk factors. *Current Sports Medicine Reports, 14*, 56-60.

Wolanin, A., Hong, E., Marks, D., Panchoo, K., & Gross, M. (2016). Prevalence of clinically elevated depressive symptoms in college athletes and differences by gender and sport. *British Journal of Sports Medicine, 50*, 167-171.

Wolko, K. L., Hrycaiko, G. W., & Martin, G. L. (1993). A comparison of two self-management packages to standard coaching for improving practice performance of gymnasts. *Behavior Modification, 17*, 209-223.

Wood, A. G., Barker, J. B., & Turner, M. J. (2017). Developing performance using rational emotive behavior therapy (REBT) : A case study with an elite archer. *Sport Psychologist, 31*, 78-87.

Woolfolk, R. L., Parrish, M. W., & Murphy, S. M. (1985). The effects of positive and negative imagery on motor skill performance. *Cognitive Therapy and Research, 9*, 335-341.

山本 隆一郎 (2010). 入眠困難における認知情報処理モデルの構築と注意バイアスに対する実験的介入 早稲田大学大学院人間科学研究科博士論文.

Yang, J., Cheng, G., Zhang, Y., Covassin, T., Heiden, E. O., & Peek-Asa, C. (2014). Influence of symptoms of depression and anxiety on injury hazard among collegiate American football players. *Research in Sports Medicine, 22*, 147-160.

Yang, J., Peek-Asa, C., Corlette, J. D., Cheng, G., Foster, D. T., & Albright, J. (2007). Prevalence of and risk factors associated with symptoms of depression in competitive collegiate student athletes. *Clinical Journal of Sport Medicine, 17*, 481-487.

吉川 翔・武藤 崇 (2019). アルコール関連問題に対する ACT 介入実施に向けた探索的調査研究——心理的関連因子に注目して—— 心理臨床科学, *9*, 3-13.

吉澤 洋二 (2016). 目標設定技法 日本スポーツ心理学会編, スポーツメンタルトレーニング教本三訂版 大修館書店, pp.83-86.

Ziegler, S. G. (1987). Effects of stimulus cueing on the acquisition of groundstrokes by beginning tennis players. *Journal of Applied Behavior Analysis, 20*, 405-411.

初 出 一 覧

第1章は，以下の論文に基づいて執筆されている。

高山 智史・佐藤 寛（2020）．アスリートの抑うつ症状に関する研究動向——Center for Epidemiologic Studies Depression Scale に焦点を当てて—— 関西学院大学心理科学研究, *46*, 37-43.

高山 智史・高橋 史（2022）．日本の大学スポーツ選手における抑うつ症状の実態調査——抑うつ症状，怪我，およびパフォーマンスとの関連—— スポーツ精神医学, *19*, 54-61.

第2章は，以下の論文に基づいて執筆されている。

高山 智史・加藤 哲文（2012）．スポーツパフォーマンスにおける行動コーチング（behavioral coaching）研究の現状と課題 上越教育大学心理教育相談研究, *11*, 83-96.

高山 智史・佐藤 寛（2020）．スポーツパフォーマンスにおける行動論的コーチングの推進手順 人文論究, *70*, 19-30.

高山 智史・佐藤 寛（2021）．体操競技の初心者に対する後方倒立回転とびの指導法——ビデオモデリングとビデオフィードバックを用いた行動的コーチングの効果—— 認知行動療法研究, *47*, 181-192.

高山 智史・佐藤 寛（2021）．スポーツパフォーマンスにおけるセルフトーク技法の認知行動理論による理解 体育学研究, *66*, 481-495.

高山 智史・高橋 史（2017）．認知行動理論によるスポーツメンタルトレーニング技法の展望 スポーツ心理学研究, *44*, 93-103.

第3章は，以下の論文に基づいて執筆されている。

高山 智史・佐藤 寛（2022）．完全主義が抑うつに及ぼす影響——不安の影響を統制した再検討—— 認知行動療法研究, *48*, 183-191.

第6章は，以下の論文に基づいて執筆されている。

高山 智史・佐藤 寛・平山 浩輔（2024）．大学生アスリートにおける完全主義が抑うつ症状とパフォーマンスに及ぼす影響 認知療法研究, *17*, 94-102.

第7章は，以下の論文に基づいて執筆されている。

高山 智史・佐藤 寛（2024）．大学生アスリートにおける価値に沿う行動と完全主義が抑うつ症状とスポーツパフォーマンスに及ぼす影響 認知行動療法研究, *50*, 1-11.

謝　辞

　本書は，私の博士論文を加筆修正しまとめたものです。

　博士論文の執筆に際して私を支えてくださった皆さまに感謝申し上げます。皆さまの励ましのお言葉とご支援がなければ，研究を続けることはできませんでした。

　特にお二人の先生には，博士論文の執筆に向けて様々な面からご指導をいただきました。信州大学の高橋史先生は，初対面の私の突然の申し出にも嫌な顔をせず，「認知行動療法の観点からアスリートのスポーツパフォーマンスとメンタルヘルスに関する研究をしたい」という思いを受け止めてくださいました。目も当てられない稚拙な文章に対しても決して批判することなく，モデルを示しながら段階的に論文化できるよう，あらゆる機会を通じてご指導いただきました。この機会を通して「研究って面白い」と実感するようになりました。

　関西学院大学の佐藤寛先生には，多くの時間を割いて懇切丁寧にご指導いただきました。当時は珍しい遠隔教育を実施してくださったことで，現職を辞することなく博士課程での教育を受けることができました。佐藤先生からご指導を受ける時間は，新たな視点を得られる喜びに満ちていました。論文とするには程遠い私の着想に対しても決して非難することなく，多角的な視点からご助言いただきました。私の「やってみたい」という研究に対する思いを全面的に応援していただきました。この時間を通して「もっと研究したい，学んだことを社会に還元するために実践したい」という思いを一層強く抱くようになりました。

　博士論文の副査を担当くださった関西学院大学の米山直樹先生，法政大学の荒井弘和先生には，それぞれのお立場から貴重なご助言とご指導を賜りま

した。励ましのお言葉を掛けていただき，また一歩前に進もうと思う原動力をいただきました。深く感謝申し上げます。

　中学校教師としての日々を過ごし，教育行政に携わる中で，研究を進めたくともなかなか進められないもどかしさを感じながら，しかしアスリートを心理学的に支援できる実践の日を思い描いて研究に取り組む日々はワクワクの連続でした。私の本務の事情をご理解いただきご指導くださった先生方に改めて感謝申し上げます。誠にありがとうございます。

　また，研究にご協力いただいた皆さま，ここに記すことのできなかった先生方に感謝申し上げます。

　そして，本書の刊行にあたり，風間敬子氏をはじめ風間書房の皆様には，多大なご協力をいただきました。謹んで厚く御礼申し上げます。

　最後に，私を支え応援してくれた妻，子どもたち，父，母，家族に感謝いたします。いつもありがとうございます。

　本書が，スポーツに関わる方をはじめ，読者の皆様のお役に立つならば，望外の喜びです。

　　令和6（2024）年7月7日

　　　　　　　　　　　　　　　　　　　　高山　智史

著者略歴

高山　智史（たかやま　ともふみ）

長野県松本市出身
2003年　金沢大学教育学部スポーツ科学課程卒業，公立中学校勤務
2013年　上越教育大学大学院学校教育研究科学校教育専攻臨床心理学コース修了
2022年　関西学院大学大学院文学研究科博士課程後期課程総合心理科学専攻心理
　　　　科学領域単位取得満期退学，松本市教育委員会 指導主事，現在に至る
2023年　博士（心理学）取得

公認心理師・日本スポーツ心理学会認定スポーツメンタルトレーニング指導士

主な業績
「大学生アスリートにおける価値に沿う行動と完全主義が抑うつ症状とスポーツ
　パフォーマンスに及ぼす影響」（筆頭著者，認知行動療法研究，2024）
「スポーツパフォーマンスにおけるセルフトーク技法の認知行動理論による理解」
　（筆頭著者，体育学研究，2021）
「認知行動療法事典」（分担執筆，丸善出版，2019）
「ガードナー臨床スポーツ心理学ハンドブック」（共訳，西村書店，2018）

アスリートの完全主義が　抑うつ症状とスポーツパフォーマンスに及ぼす影響

2024年9月15日　初版第1刷発行

著　者　　高　山　智　史

発行者　　風　間　敬　子

発行所　　株式会社　風　間　書　房

〒101-0051　東京都千代田区神田神保町1-34
電話 03(3291)5729　FAX 03(3291)5757
振替 00110-5-1853

印刷　平河工業社　　製本　井上製本所

©2024　Tomofumi Takayama　　　　　　NDC分類：140
ISBN978-4-7599-2514-2　　Printed in Japan

[JCOPY]〈出版者著作権管理機構 委託出版物〉
本書の無断複製は，著作権法上での例外を除き禁じられています。複製される
場合は，そのつど事前に出版者著作権管理機構（電話 03-5244-5088，FAX
03-5244-5089，e-mail: info@jcopy.or.jp）の許諾を得て下さい。